教育部人文社会科学研究青年基金项目
“俄罗斯民事检察制度研究——兼谈我国民事
检察制度的监督范围”（09YJC820022）

俄罗斯民事检察制度研究

李　昕　著

中国检察出版社

图书在版编目（CIP）数据

俄罗斯民事检察制度研究/李昕著. —北京：中国检察出版社，2012.12

ISBN 978-7-5102-0778-5

Ⅰ.①俄… Ⅱ.①李… Ⅲ.①民事诉讼-检察机关-司法制度-研究-俄罗斯 Ⅳ.①D951.263

中国版本图书馆CIP数据核字（2012）第272530号

俄罗斯民事检察制度研究

李 昕 著

出版发行：中国检察出版社

社　　址：北京市石景山区鲁谷东街5号（100040）

网　　址：中国检察出版社（www.zgjccbs.com）

电　　话：(010)68650024(编辑) 68650029(邮购查询) 68636518(门市)

印　　刷：三河市西华印务有限公司

开　　本：A5

印　　张：7.5印张

字　　数：180千字

版　　次：2012年12月第一版　2012年12月第一次印刷

书　　号：ISBN 978-7-5102-0778-5

定　　价：25.00元

目　录

引 论

一、本书研究的意义

肇始于20世纪80年代的司法改革，时至今日仍然是方兴未艾。当我们运用过程性的眼光去分析民事审判方式改革所走过的二十余载历程时，会发现这场改革在某种意义上是以英美法系、大陆法系国家和地区的民事诉讼理论和制度为主要参照物的，对美国、英国、日本、德国、法国以及我国台湾地区民事诉讼理论与制度的研究和介绍构成了民事诉讼法学理论界中不可缺少的一部分，甚至是主要部分。转身回望中国民事诉讼的形成、发展之时，依稀可见前苏联民事诉讼法学的踪影。如果将中国民事诉讼比作一幅美丽的图画，那么这幅画的底色有很大一部分是由前苏联民事诉讼构成的。有学者认为，在新中国建立初期的法制建设过程中，受向前苏联“一边倒”基本国策的影响，开始全面移植前苏联司法制度的进程，主要表现在：一是以前苏联为模式，建立新中国的法院体制。二是移植前苏联的经验，建立新中国的检察制度。正如最高人民检察院前副检察长李六如在一次讲话中指出的，新中国的检察制度，由于社会性质和时代的不同，暂只能按部就班地向着前苏联检察制度的方向推进。三是引进前苏联诉讼程序的经验，确立新中国的民事、刑事诉讼制度，如刑事诉讼的基本观念、刑事诉讼的基本原则，民事诉讼的含义和任务、民事诉讼的具体程序、民事诉讼的基本原则和制度等都是在前苏联模式的影响下形成的。四是大量引进前苏联的教材、专著和论文，以指导我国学术界和实务界的发展。据不完全统计，当时译成中文的前苏联司法制度方面的教材、专著不下于150种。其中约三分之一以上被作为当时中国各政法院校的法律教材和教学参考书。[①] 迄今为止，在中国民事诉讼的底流中前苏联的制度和思维方式还在奔腾不息。这一事实促使我们在分析、研究以及解决今日中国民事诉讼中的问题时，不能忽略或无视前苏联乃至俄罗斯的存在。令人遗憾的是，自20世纪60年代以来，由于种种原因，对前苏联民事诉讼制度的研究和介绍少之又少，基本呈空白状态。更遑论对俄罗斯民事诉讼制度的介绍。张家慧博士后的出站报告《俄罗斯民事诉讼法研究》是国内目前唯一一本比较全面、系统地介绍俄罗斯联邦民事诉讼制度的著述，但是该出站报告是以对1964年《苏俄民事诉讼法典》的多次修改和补充而后形成的《俄罗斯联邦民事诉讼法典》（Гражданский процессуальный кодекс РСФСР）为基准和参照而展开研究的。对2003年生效的《俄罗斯联邦民事诉讼法典》（Гражданский процессуальный кодекс РФ）及其适用情况只字未提。

正是基于上述原因，本书以俄罗斯民事诉讼制度为基本选题，但限于篇幅和写作时间，更为主要的是受笔者本人能力所限，完整而周详地介绍和分析俄罗斯民事诉讼基本上是不可能完成的任务。因此，笔者结合我国目前的理论研究和司法实践，选取其中某一具体制度作较为详细的论述，民事检察制度由此进入研究视野。之所以选取这一具体制度是因为：

第一，在民事诉讼理论和实践不断强调审判独立、当事

① 何勤华：《关于新中国移植苏联司法制度的反思》，载《中外法学》2002年第3期。

人程序主体意识不断增强的今天，民事检察制度存废之争甚嚣尘上，此时系统地探讨民事诉讼检察制度，解决检察权介入民事诉讼应具有的制度上和法理上的正当性，规范检察机关在民事诉讼中的角色定位和介入程序具有重要的理论和实践意义。

第二，我国检察制度直接脱胎于前苏联的检察制度，在检察机关的性质、工作职责和范围等方面表现得比较突出。前苏联解体后，俄罗斯确立了权力分立的政治体制，但是1992年的《俄罗斯联邦检察机关法》以及1993年的《俄罗斯联邦宪法》并没有撤销检察机关，而是继续保留了检察机关集中、统一的监督体制。俄罗斯检察机关仍以其独特的监督性区别于英美法系和大陆法系国家的检察制度，他的“回溯性发展说明前苏联检察制度仍具有生命力”①。对于处在瓶颈期的中国民事检察制度而言，将目光投注于与之具有相似职能、组织和活动特征的检察制度的变革，更能加深对自身的了解和认识，与其他国家相比，俄罗斯的民事检察制度对正在争议中的中国民事检察制度改革更具有借鉴意义，分析其利弊得失，取其经验为我所用。

二、国内研究现状述评

就目前笔者所掌握的资料来看，不同国家对民事诉讼中的检察机关均有不同的界定以及相应的立法规定，相较于英美法系国家而言，在大陆法系国家的民事诉讼中，检察机关参与的范围和方式更为广泛一些。在英美法系国家，检察机关一般是作为国家和社会的代表参加民事诉讼，其参诉的案件大都限于环境、垄断以及公害等涉及社会利益和国家利益的案件，在某

① 孙谦：《中国的检察改革》，载《法学研究》2003年第6期。

些特定的情况下，检察机关还可以作为被告参与民事诉讼。与大陆法系和英美法系相比，俄罗斯检察机关在民事诉讼中的地位和作用经历了巨大的转变，从前苏联时期的诉讼监督者，到现今的参与者，可以说，与大陆法系和英美法系的民事检察制度相比，俄罗斯检察机关在民事诉讼中的转变对于如何完善和发展我国的民事检察制度更具借鉴意义。但令人遗憾的是，目前国内尚无对俄罗斯民事检察制度进行介绍、分析的文章和专著。

三、本书的研究方法

在研究方法上本书主要采用了历史分析和比较分析的方法。“今天我们研究前天，为的是昨天也许不会使今天无所作为以及今天不会使明天无所作为。”① 探究一个制度的渊源不仅可以明了其根基，更为重要的是为其明确今天之存在价值。由于史学的研究需要丰富而准确的史料，而且本书的着重点并不在于对历史的描述，因而只是试图勾勒出民事检察制度一个大致轮廓。笔者力图通过历史分析的方法寻找在中国民事检察制度的形成和发展过程中有哪些前苏联印记。

本书运用的另一主要方法为比较研究的方法。通过前苏联与俄罗斯联邦、中国与俄罗斯之间的比较，探求民事检察制度发展轨迹及有益启示。一方面，通过俄罗斯联邦与前苏联之间的比较，廓清目前俄罗斯联邦民事检察制度对前苏联民事检察制度的继承与改革之处，并探究其继承和改革之原因，力图从中发现民

① Maitland, “Collected Papers”, Vol. Ⅲ, p. 438. 转引自［美］本杰明·卡多佐：《司法过程的性质》，苏力译，商务印书馆 1998 年版，第 32 页。

事检察制度的发展规律，取其有益经验为我所用。另一方面，通过俄罗斯联邦与我国之间的比较，看到我国民事检察制度存在的问题与不足，并以俄罗斯联邦为取法对象，改革和完善我国民事检察制度。

第一章　检察权之权力属性

第一节　检察权的性质

一、检察机关在国家机关体系中的地位

“一般言之，检察权的具体权能如何设置，检察机关的职权范围之大小，直接反映着一国检察机关的法律地位；反之，一国检察机关的法律地位，又直接决定着检察权的性质。”① 前苏联解体后，随着权力分立体系的建立，司法独立不断得到加强。在俄罗斯，有关检察机关的法律地位，以及在国家机关体系和国家机制中的位置和角色问题的争论一直没有停止过，至今尚未达成共识。“检察机关在国家体系中不明确的地位是检察监督的长期病症，他对检察机关和其他机关的关系、检察活动的组织和内容等都产生了负面影响。在检察监督概念存在的 90 多年中，这个概念本身并没有回答很多的理论和实践问题，其中就包括检察长在诉讼活动中的地位问题。而这些问题的解决直接取决于检察权的本质和它存在的意义。”② 1993 年的《俄罗斯联邦宪法》仅仅规定了检察机关集中、统一的体系和总检察长的任命程序，将涉

① 王学诚：《民事检察制度研究》，西南政法大学博士学位论文，2003 年 6 月，第 32 页。

② Ломовский В, “Какой власти принадлежит прокуратура”, *Российская юстиция*, 2001, N9.

及检察机关权限、组织和活动程序等的问题交由其他联邦法律规定。目前在俄罗斯规范检察机关活动的主要联邦法律是1999年修改和补充的《俄罗斯联邦检察机关法》，该法也只是规定了检察机关的监督权能，对于检察机关在国家机关体系中的地位问题只字未提。普京总统在2001年全俄罗斯检察长会议上指出，《俄罗斯联邦宪法》中有关检察机关在国家权力机关中地位的规定是开放性的，有关检察机关的法律也没能对此作出明确的规定。于是乎，学者和实务工作者纷纷对检察机关在国家机关体系中的地位各抒己见，争论之声不绝于耳，至今尚未形成统一认识。

目前在俄罗斯学界和实务界有关检察机关的法律地位主要有两种观点：一是检察机关在国家机关中具有独立的地位；二是检察机关是归属于立法机关、行政机关或是司法机关范围的国家机关，下面就各家观点作一简要评述。

（一）检察机关是独立的国家机关

主张该观点的学者认为：检察机关在国家机关体系中的地位问题已经由《俄罗斯联邦宪法》和《俄罗斯联邦检察机关法》作出了明确规定：检察机关是国家机关体系中的独立机构，检察活动是国家权力活动的表现形式之一，因而没有必要将其划入立法权、行政权或是司法权之中。其具体理由如下：

首先，检察机关所肩负的监督权能使其不能纳入任何一个权力分支之中，在一个权力分支内存在具有两种不同功能的机构是非常矛盾和荒谬的。“检察机关为了在自己的职权范围内完成宪法和其他联邦法律文件所规定的任务独立于其他国家权力机关、政党、社会组织。”① 依据《俄罗斯联邦检察机关法》第1条的

① Е. В. Федотова, *Прокурорский надзор*, Омега – Л, 2006, p. 16.

规定，俄罗斯联邦检察院是联邦统一集中的机关体系。它以俄罗斯联邦的名义在联邦的领域内对遵守联邦宪法和执行联邦现行法律实施监督。检察机关活动的目的在于，保障法律的权威、统一和巩固法制，保障公民的自由和权利以及国家和社会的法律利益。此外，依据《俄罗斯联邦检察机关法》的规定，检察机关除实施监督外，还在刑事侦查、协调护法机关的工作以及监督法院审判活动方面发挥着作用，检察机关权能的广泛性也在一定程度上使其从三权中分离出来。① 检察机关因权能的特殊性以及广泛性游离于立法机关、行政机关、司法机关之外。

其次，在俄罗斯，检察权作为独立的权力形式是独一无二的现象，它是平衡所有权力机关执行法律的平衡器。权力分立的体系中应当有专门的监督机关作为补充，抑制它们中的任何一个，防止其中任何一个权力分支凌驾于其他权力分支之上。在俄罗斯，这个监督的角色应当属于检察机关，它负责采取措施消灭任何破坏法律的行为，无论这种行为来自何处，由谁实施。“检察机关作为国家权力机关被认为是在分权制衡体系中制约其他权力分支的重要工具，它应当促使权力行为的协调一致和相互配合，使它们相互平衡，使其中任何一个权力分支都不凌驾于其他权力分支之上或是受制于其他权力分支。”②

最后，从历史的角度来看，检察机关一直是作为独立的国家机关而存在。检察机关在其设立之初，就是作为独立的国家机关而存在的，它直接隶属于最高的权力者——沙皇。在权力划分理

---

① Д. Лукоянов，“Место прокуратуры в государственном механизме”，*Законность*，2006，N11.

② Мельников Николай Васильевич，*Прокурорская власть и личность：Правовые средства обеспечения конституционных прав и свобод граждан России*，Юристъ，2003，p. 86.

论受到否定的时期，产生了国家活动形式的理论。国家的一系列活动分为三种形式：立法活动、行政管理活动以及司法活动，但检察机关作为独立于其他国家机关的组织而存在。当时最为普遍的观点是存在四种形式的国家活动：代表机关的活动（国家权力）、行政管理活动（国家管理）、司法活动和检察活动。①

（二）检察机关从属于立法机关范畴

主张该观点的学者以这样的逻辑为出发点：立法机关制定了法律，而检察机关为了法律能在全国范围内有效实施而监督法律的执行。因此，检察机关是国家立法机关的有机组成部分。检察监督是权力的特别形式，它从立法者那里直接获得权能，由立法权形成并归属于立法权。② 因此，检察机关并不是独立的权力机关，它是依据立法机关的授权并在立法机关的监督下进行活动的③，立法机关赋予其权能以实现它保证法律统治地位的功能。概言之，对已经制定的法律的实施情况进行监督是立法权本身固有的权能，因此，检察机关作为监督法律实施的机关应为立法机关。

В. Ломовский 教授认为，俄罗斯在其领域内需要法律的统一，通过唯一的机关来实现对法律理解的一致。而唯一能够保证这种统一的只有检察制度，检察机关因此而设置，它的主要任务

---

① И. В. Велиев, “Место прокуратуры в системе органовгосударственной власти РФ”, *Современное право*, 2005, N10.

② “Становление правового государства в Российской Федерации и функции прокуратуры, Круглый стол”, *Государство и право*, 1994, N5. Виноградов О, “Прокуратура в системе органов государственной власти”, *Законность.*, 1997, N4.

③ Долежан В. В, *Проблемы компетенции прокуратуры*, Юристъ, 1991, p. 44.

也在于此。事实上，法制统一是法律实施后的结果，是反映人民意志的法律的实现。最高立法权在法律颁布后不可能也不应当不关心法律的实施，它本身就包含着保证法制统一的功能，它既可以直接地完成它们，也可以在宪法法院、政府、行政活动以及诉讼活动，甚至是检察活动中得以实现。立法权将大部分属于它的权能转移给了检察机关，但是它自己也保留了一部分权力，其中就包括保证检察机关活动中的法制统一。另一方面，检察机关并不是孤单地完成它的义务的，检察权和立法权一起关心法律在生活中的运用，关心它们得到准确、一贯的执行。虽然检察机关以法律为基础并且只服从法律，在检察活动中独立于立法机关，但是检察机关还是需要支持或者用叶卡捷琳娜二世的话来说就是检察机关需要来自立法机关的支持。因为检察机关常常要面对“强有力的人民”。因此，检察机关的权能属于立法权的范围。①

对此观点持反对意见的学者认为：检察机关从来都不是立法机关或者是立法机关的附属品，这其中也包括最高苏维埃。首先，从立法的层面来看，规范检察机关的联邦宪法和检察机关法并没有将检察机关归属于立法机关的序列，它们只是确立检察机关的任务和检察活动的权限范围。这说明立法者在承认检察监督是实现国家权力的方式的同时，并没有认为其是立法权的延续。其次，虽然联邦总检察长的任命和免职是由联邦议会的委员会根据俄联邦总统的提议任免，而且俄联邦总检察长每年都应当向俄罗斯联邦议会两院和总统汇报国家的法制和法律秩序的状况，但这并不足以说明检察机关属于立法机关的范围。再次，通过比较可以发现，法院作为实现司法公正的司法权的代表，对法律的执

① Ломовский В, “Какой власти принадлежит прокуратура”, *Российская юстиция*, 2001, N9.

行也不是漠不关心的。而且依据主张检察机关属于立法机关的学者的观点，法院也可以帮助立法权实现其保障法制统一的功能，但是法院并不归属于立法机关。换句话说，检察机关和立法权在国家中实现着不同的功能，自然不能将检察机关归属于立法机关的范围。[①] 最后，在立法机关内不能也不应当设置监督机构，因为依据权力分立理论，立法机关并没有这种功能。对国会颁布的法律的实行效果以及撤销或变更这些法律必要性的关注，其实并不具有监督的性质，事实上它只是经国会和具有立法倡议权的机关的授权由一定的机构所进行的分析性工作。[②]

（三）检察机关属于司法机关的范围

该学说的学者以宪法将涉及检察机关的规定置于第 7 章《司法权》为出发点，认为检察机关应当归属于司法机关。他们认为立法者之所以将检察机关规定在宪法的第 7 章，就是因为检察机关在活动方向和功能上与司法机关更为接近。[③] 它们都致力于保护人权、保障法制和法律秩序，只是它们采取的方式不同罢了。如果说检察监督的任务是发现违反法制的行为，那么法院就是以国家的名义调整这些违法行为，惩罚犯罪，实现对受害人的保护。[④] 而且将检察机关归属于司法机关可以协调和解决目前司法实践中存在的检察机关监督身份与诉讼中法律地位的冲突。

---

① Д. Лукоянов, “Место прокуратуры в государственном механизме”, *Законность*, 2006, N11.

② Петрухин И. Л, *Прокурорский надзор и судебная власть*, Проспект, 2001, p. 16.

③ Чуглазов Г, “Прокуратура в системе органов государственной власти”, *Законность*, 2003, N2.

④ Петрухин И. Л, *Прокурорский надзор и судебная власть*, Проспект, 2001, p. 3.

事实上在宪法的起草过程中，有关检察机关的法律地位问题引起了很大的争议。一些起草者认为，检察机关作为国家公诉机关应当是行政机关，而监督法律执行情况的功能应当属于法院。而另一些起草者则坚持一种根深蒂固的观点：检察机关作为监督法制的机关，它不属于任何一个权力分支。最后采取了折中的方案，将检察机关规定于《司法权》一章。①

对此学说持反对意见的学者认为，检察机关在十月革命前和苏维埃建立的初期作为监督法律执行的机关设置在法院内部，并且可以进行侦查、提出国家公诉，以及为了公民、国家和社会的利益参加诉讼等原因，使得部分学者认为检察机关应当归属于《司法权》。② 事实上主张该学说的学者忽视了这样一个问题，那就是法院和检察机关肩负着不同的功能，而且检察机关并不实施审判，它的权能也不能归结为审判权的权能，甚至可以说，如果检察机关属于司法机关，那么可能会破坏在诉讼中生效的处分原则。宪法将检察机关放入《司法权》一章是非常错误的。③ 值得一提的是，检察长一致反对将检察机关归属于司法机关，并且认

---

① В. Фокусе, “Проблемы посткоммунистической прокуратуры”, *Конституционное Право*: *Восточноевропейское Обозрение*, 1999, N3. 转引自 Д. Лукоянов, “Место прокуратуры в государственном механизме”, *Законность*. 2006, N11。

② И. В. Велиев, “Место прокуратуры в системе органовгосударственной власти РФ”, *Современное право*, 2005, N10. 有关检察机关自彼得一世时期起的机构设置详见 Мельников Николай Васильевич, *Прокурорская власть и личность* : *Правовые средства обеспечения конституционных прав и свобод граждан России* , Юристъ, 2003, pp. 1 – 56。

③ И. Викторов, “Прокуратура статус на рубеже тысячелетий”, *Законность*, 2000, N12.

为宪法将涉及检察机关的规定以司法权为标题是一种误会。①

（四）检察机关从属于行政机关范畴

主张该学说的学者主要从这样两个方面来论证自己的观点：一是检察机关对侦查机关、预审机关以及狱所机关的监督具有行政权的性质；二是任何一个国家机关都应当归属于某种权力，如果检察机关不属于立法权、司法权，那么它就应当属于行政权并归属于司法部。通过将检察机关列入行政机关的方式否定检察机关的独立性。②

反对该学说的学者认为，检察机关对侦查机关、预审机关以及狱所机关的监督实质上是检察机关作为权力的制衡器对行政权的监督。"检察监督作为国家活动的特别形式，它的监督性质使其本身成为不具有行政权能的制衡器。检察长无权也不应当在采取具体的措施清除违法行为，他只能在违法行为的原因、形成条件以及具体行为表现出来以后，在自己的职权范围内向有权采取措施的机关或者是负责人提出清除违法行为的请求。"③ 更为重要的是检察机关从属于行政机关将会导致对国家分权制衡体系的破坏，提高破坏法律的风险，并且行政机关适用受到破坏的法律会产生严重的后果。④

---

① Петрухин И. Л，*Прокурорский надзор и судебная власть*，Проспект，2001，p. 15.

② Бессарабов В，"Место прокуратуры в государственном механизме современной России"，*Законность*，1999，N10.

③ С. Г. Буянский，"Прокуратура и судебная власть: Статус и соотношение компетенции"，*Российский судья*，2005，N5.

④ Мельников Николай Васильевич，*Прокурорская власть и личность: Правовые средства обеспечения конституционных прав и свобод граждан России*，Юристъ，2003，p. 85.

（五）检察机关归属于总统

支持这种立场的人认为，检察机关应当在总统之下寻找自己的位置，成为总统权的机关。法学博士 И. В. Велиев 认为，从宪法的内容来看，检察机关不属于立法、行政、司法权中的任何一个权力，而检察长和总统的关系在宪法中是非常明确的，宪法第 80 条就是基础性规定。依据该条，俄罗斯联邦总统是俄罗斯联邦宪法、公民的权利和自由的保障，保障国家权力机关协调地行使职能并相互作用协作。《俄罗斯联邦检察机关法》第 1 条规定：为维护法律的尊严和统一实施，加强法治，保护公民的人权和自由，依法维护社会和国家的利益，而赋予检察机关监督法律关系主体实施法律的权能。从中可以看出，检察机关和俄联邦总统在立法上肩负着相同的任务。① 而且，检察机关的功能在很大程度上是帮助总统实现自己的权力。两者之间的相似性是有理由的也是历史的，检察机关是作为国家的眼睛而建立的，只是后来才具有了独立性。②

反对这种观点的学者 Мельников Николай Васильевич 认为，俄联邦宪法确立的权力分立体系是不平衡的，总统的权力明显高于其他权力。依据俄联邦宪法确定的总统的权力即俄联邦宪法规定的总统的权能的总和，恰恰和行政权相吻合。但是总统权力又在权力三分之外，并以独立的形式立于三者之上。根据宪法规定的总统和政府的权能可以得出这样的结论：总统的权力除了个别的总统的权力外，其实质上是整个行政权的总和。检察机关从属

---

① И. В. Велиев，“Место прокуратуры в системе органовгосударственной власти РФ”，*Современное право*，2005，N10.

② Чуглазов Г、Кулагин П，“Прокуратура должна стать органом президентской власти”，*Законность*，2001，N1.

于总统也就是从属于行政机关。①

（六）小结

虽然上述学者们的观点林林总总，莫衷一是，但仍能从中找到一些相似之处：

首先，俄罗斯理论界和实务界在探讨检察机关在国家权力机关中的地位时中很少使用“检察权”（прокурорской власть）一词。即使是使用该词的作者自己也不得不承认，“‘检察权’这个术语在专业文献中很少碰到，司法实践中也很少使用”②。学者们通过检察机关的从属来间接地说明检察机关权能的性质，主张其为三权之一者有之，主张其为国家的第四种权力③、第五种权力者有之④。而之所以会出现这种现象，笔者认为主要是因为：自检察机关建立之时直至前苏联解体为止，俄罗斯民族一直处于集权统治之下，强调权力的统一和集中，关注的焦点也在于国家机关职能而不是它的权力属性。各国家机关都只是统一权力之下的职能机关，检察机关也不例外。故而当权力分立理论来袭时，受定式思维的影响，学者们仍旧从检察机关权能、机构从属的角度来分析它在国家权力体系中的位置和地位。俄罗斯学者们的争议传递给我们这样的信号：目前在俄罗斯有关检察机关在国

---

① Мельников Николай Васильевич, *Прокурорская власть и личность: Правовые средства обеспечения конституционных прав и свобод граждан России*, Юристъ, 2003, p. 84.

② Д. А. Кунаева, “Статус прокуратуры и ее место в системе государственных органов”, *Юрист*, 2005, N9.

③ И. В. Велиев, “Место прокуратуры в системе органовгосударственной власти РФ”, *Современное право*, 2005, N10.

④ “Становление правового государства в Российской Федерации и функции прокуратуры, Круглый стол ”, *Государство и право*, 1994, N5.

家机关以及国家权力体系中的地位问题无论是在理论研究中还是在司法实践中尚未形成统一认识。形成这种局面的原因有很多，其中最为主要的原因恐怕还是在于俄罗斯检察机关特殊的监督权能使其虽游离于三权之外，却又与它们存在千丝万缕的联系。

其次，如果将检察机关定位为国家权力机关，不会有学者反对。学者们普遍认为检察机关作为国家权力机关在俄罗斯法治国家建设过程中有其独特的意义。在维护公民的宪法权利和自由、国家和社会的利益、巩固法制和社会秩序、促进法制国家的建立和发展方面检察机关发挥着重要的作用。

最后，学者们对于检察机关所拥有的监督权能并没有异议。也就是说，目前在俄罗斯，检察机关的监督地位是不可动摇的，不仅立法有明确的规定，而且理论界和实务界对此已达成共识，有一致的理解和认识。从上述学者的观点来看，无论是主张检察机关为独立的国家机关，还是认为其从属于其他权力机关者均认为检察机关是监督宪法以及其他生效法律在俄罗斯领域内有效实施的机关，检察机关可以采取措施清除违法行为，无论它来自哪里，由谁作出。正是因为它所具有的监督权能使之成为权力分立体系中“专门”的制衡器，以平衡俄罗斯不平衡的权力分立体系。

在同样将检察机关的职能定位为监督的我国，其地位又是如何呢？依据《中华人民共和国宪法》和《中华人民共和国检察院组织法》的规定，检察机关是国家的法律监督机关，与人民法院、人民政府共同形成人民代表大会统一领导下的“一府两院”体制。国家权力统一由代表人民意志的人民代表大会行使，国家各机关在人民代表大会的领导下，各司其职。国家机关之间没有权力分工，只有职能的不同。也就是说，在我国检察机关是不受其他机关干涉、由人民代表大会领导的独立国家机关。它的主要任务和职能就是通过行使检察权，镇压一切叛国的、分裂国家的和其他反革命活动，打击反革命分子和其他犯罪分子，维护国家的统一，维护无产阶级专政制度，维护社会主义法制，维护社会秩序、生产秩序、工作秩序、教学科研秩序和人民群众生活秩序，保护社会主义的全民所有的财产和劳动群众集体所有的财产，保护公民私人所有的合法财产，保护公民的人身权利、民主权利和其他权利，保卫社会主义现代化建设的顺利进行。

比较中国和俄罗斯检察机关在国家机关中的地位可以发现，两国宪法和宪法性法律均将检察机关定位为国家权力机关，并赋予其以监督职能。中国与前苏联检察制度之间的亲缘联系以及俄罗斯与前苏联之间的继承关系是造成目前中俄两国检察制度相似的主要原因。同样重要的是，我们在比较中俄两国检察制度时，不能忽视另外一个问题：俄罗斯与中国的政治体制是不同的。因此，两国检察制度的相似性除了表明中俄检察制度历史上的渊源关系外，也在某种程度上说明具体法律制度具有一定的技术性，这为我们比较和分析不同政治体制下类似的制度提供了可能性。

二、俄罗斯检察权的性质

性质是事物的本质属性和特点，是一事物区别于其他事物的主要标志。检察权的性质也就是检察权区别于其他权力的本质属性。上文已经指出，目前在俄罗斯学界和实务界普遍认为检察机关拥有监督性质的权能。虽然他们很少使用检察权这个概念，但是从学者们的论述中可以看出，检察权区别于其他权力的本质特点是它的监督性。也正是检察权的这一特性使得它在俄罗斯宪法起草过程中以及宪法实施后有关它的法律地位问题一直争论不体。虽然学者们对检察机关从属于何种国家权力发生争议，但争议的焦点是检察机关的监督具有独立的性质还是它应当从属于某一个权力分支。对于它是行使监督权能的国家机关这一点并没有异议。我们关注俄罗斯检察制度的侧重点在于，俄罗斯政治体制的变革是否会对检察机关在国家中的地位和权能产生影响。很明显，俄罗斯在建立权力分立政治体制之后，检察机关仍然是国家权力机关，它的监督权能也没有发生根本的变化，正如俄罗斯学者所指出的，“检察机关作为统一、集中的机关体系，它以国家的名义实施监督，监督是检察机关活动的基本方向”①。检察机关通过监督实现维护法律权威、统一和巩固法制以及保护公民权利、自由以及国家和社会受法律保护的利益的目的。

（一）监督性质的检察权

前苏联解体后，俄罗斯在构架自己的国家机关体系，即新宪法起草时，有关检察机关的存废之争非常激烈，宪法草案也因此一改再改。在 1993 年夏季的宪法会议上，所有与会者赞成新宪法中将检察机关的权能限定在行使侦查、支持起诉和应公民请求提出诉讼等方面，当年秋季提交给总统的宪法草案中这种限制的立场得到了充分的体现。但是总统最终采纳了当时俄联邦总检察长 А. И. Казанника 的意见，只是在宪法中明确了检察机关集中统一的组织体系，而将检察机关活动的权限、组织、程序等问题交由其他联邦法律加以规定。宪法对检察机关的灰色规定在迎合检察机关保留以往权限意愿的同时，也为日后有关检察机关法律地位问题的争议埋下了伏笔。今时今日，关于检察机关的争议在

① Д. А. Кунаева, “Статус прокуратуры и ее место в системе государственных органов”, *Юрист*, 2005, N9.

很大程度上与作为国家根本法的宪法没有明确规定它的法律地位有莫大关系，正是宪法规定的模糊性使其处境尴尬。值得一提的是，宪法将检察机关规定于《司法权》一章，而且只规定了检察机关的组织原则，如果将宪法的这部分规定结合宪法确立的权力分立政治体制来认识，可以认为宪法在某种程度上反映了立法者隐含的限制检察机关权限的意图。但经过几年的司法实践后，立法又有了一定的回归。1998 年俄罗斯联邦对《俄罗斯联邦检察机关法》进行修改和补充时，则进一步扩大了检察机关的监督权能。修改和补充的内容主要涉及以下几点：检察机关对遵守宪法的监督权、向宪法法院提出对国际条约、联邦法律和其他规范性文件的宪法审查、对民事执行的监督权、明确监察机关的监督对象包括一切执行机关、恢复了检察机关有权对即将发生法律效力的违法行为发出警告和予以制止等。① 缘何检察机关的监督权能不但得以保留还有进一步扩大的趋势呢？学者们从以下几个方面给出了答案：

首先，随着新宪法的实施，国家结构在整体上发生了根本性的变革。法治国家要求建立富有效率的法治体系和法律秩序、尊重个人的权利和自由以及维护社会的公平和正义。国家和社会生活应当是有序的，而这对国家机关、任何一个组织的负责人以及公民而言意味着遵守法制是他们应尽的义务。对任何一个国家和社会来说，法律获得有效的执行都是非常现实和重要的问题。这个问题在占统治的政治经济原则发生变革以及社会权力结构发生改变的社会转型时期尤为突出。宪政制度的实现首先要求宪法本身的明确性，但令人遗憾的是，俄罗斯现行的宪法在很多问题上

---

① 张寿民：《俄罗斯法律发达史》，法律出版社 2000 年版，第 339 页。

态度含混不清，如总统可以通过和解程序解决国家权力机关的争议，必要时可以委托法院代为解决，但是宪法对具体解决争议的法院以及相关的问题并没有作出规定，同时不能忘记的是，法院只是解决具体的案件，无法保障也不能保障对行政机关及其责任人的经常性和体系性的监督。因此，在社会转型时期为了保证法律的统治地位、法制的统一必须设置监督机关，检察机关担当这个角色再合适不过了。①

其次，学者在分析其他国家的宪法后指出，客观上存在具有监督职能的但不称为检察机关的国家机关：国会、普通法院和专门法院、专门的法官、经济监督机关等。如果剥夺俄罗斯检察机关的大部分权能，将不可避免导致撤销旧的国家机关建立新的国家机关，而在国家财政紧张以及建立新机关的经验不足的情况下，保留原有的制度更为恰当。② 而且检察制度在俄罗斯存在了400多年，有深厚的社会根基，废除它可能会引起一连串的反应。“任何一个国家的法律体系都是纷繁复杂的，形成要上百年的历史，其中部分的变化会引起其他部分的变化。”③ 因此，保留检察机关是利大于弊的。

最后，在俄罗斯将国家权力划分为三个分支是非常欠妥当的，立法、行政、司法不能涵盖国家活动的所有形式。而且，正如任何一个民族都有自己独特的国家结构，任何一个国家的国家制度都是这个民族的民族精神及其发展水平的反映。权力分立的精髓就在于防止权力的过度集中，反对专制。在这一理念的指导

---

① “Становление правового государства в Российской Федерации и функции прокуратуры, Круглый стол”, *Государство и право*, 1994, N5.

② С. Г. Буянский, “Прокуратура и судебная власть: Статус и соотношение компетенции”, *Российский судья*, 2005, N5.

③ 同上注。

下，各国完全可以遵循各自独特的方式构建自己的国家机关体系。如1987年尼加拉瓜宪法、1991年哥伦比亚宪法等都依据自己国情建立了国家权力的四权体系。在俄罗斯将国家权力三分的做法尤为不恰当，俄罗斯是世界上最大的联邦制国家，也是最大的民族自治国家，哪里没有监督法律执行的机关，哪里就很难保证领土的完整、保障法制统一。①

（二）启示和借鉴

20世纪90年代后在国家结构转型、司法权日趋独立以及以保障公民权利和自由为主题的司法改革的历史背景下，俄罗斯检察机关在国家权力结构中的地位，以及它与法院之间的关系问题越来越为学者们所关注。保留还是废除、加强还是削弱，各种观点竞相争鸣。从目前俄罗斯联邦宪法以及其他调整检察机关活动的法律规范的内容来看，检察机关凭借自己的监督权在国家机关体系中获得了一席之地。可以说，俄罗斯检察机关正在经历自身的第三次变革。检察机关的第一次变革发生在1864年的司法改革中。俄罗斯的检察制度建立于彼得一世时期，但是在1864年的司法改革之前，它的主要职能是监督地方的行政机关，监督法律的执行情况，总检察长被称为“国王的眼睛”，服从总检察长的地方检察长被称为“省长的眼睛”。刑事公诉和民事起诉活动在当时只是监督职能的一部分，法律规定得比较少，司法实践也很薄弱和不重要。1864年的司法改革后，检察机关的职能主要体现在诉讼领域，为了保证法律适用的准确和统一，它可以追诉

---

① Мельников Николай Васильевич, *Прокурорская власть и личность: Правовые средстваобеспечения конституц. прав и свобод граждан России*, Юристъ, 2003, p. 86.

破坏法律秩序的行为，检察长参与民事诉讼的制度在这一时期得以确立。随着社会主义国家政权的建立，检察机关迎来了红色时代，成为世界检察制度史上一名新成员：社会主义性质的检察制度。十月革命后新生的苏维埃政权摧毁了旧的检察机关，但是它并没有立即建立新的检察机关。1922 年为了保证全国法制的统一、克服地方主义、加强中央对地方的统一领导，在列宁的倡导下，前苏联重新建立了始于彼得一世时期的检察监督制度，其目的在于监督国家权力机关的活动。此后，检察机关也一直沿着不断扩大和加强监督权能的方向发展。毋庸置疑的是，这次变革后的检察制度对中国检察制度的影响和意义是深远的，也是不可磨灭的。

“在具有基本司法构造统一性基础上建立起来的检察制度，在具有一类共同的职能、组织和活动特征的同时，遵循着不同的发展特点，坚持着不同的法治理念。这些差异性是我们推进检察制度改革的过程中应当注意的。”① 中国和俄罗斯的检察制度的底流中依稀可见前苏联的影子，由于两者之间的亲缘关系，俄罗斯检察理论和实践上的变化与其他国家检察理论和实践的变化相比，对我国更具借鉴意义。笔者认为，俄罗斯检察制度对我国的借鉴意义主要体现在以下方面：

第一，本国传统与外来文化有机结合，从本国国情出发看待检察制度的存废。学者 Г. Манова 指出：“首先应当明确这样的思想：国外的先进制度应当是可以复制的，只要它是最先进的、最文明的。”② 这种观点与学者 И. В. Велиев 的观点相协调，“权

① 孙谦：《中国的检察改革》，载《法学研究》2003 年第 6 期。

② Г. Н. Манова, *Теория права и государства*, БЕК, 1996, p. 258. 转引自 Д. А. Кунаева, “Статус прокуратуры и ее место в системе государственных органов”, *Юрист*, 2005, N9。

力三分的形式并没有考虑到检察权（作者意指独立的监督权）是因为在西方民主的形成初期并没有检察权的存在。本国法律改革不可避免地要借鉴国外的先进经验，但是借鉴外国先进的经验时不考虑本国法律传统和既有法律制度，只会使这种借鉴演变为机械地改变本国的法律制度以及将异质的法学理论强加给本国的国家法律理论。在这种情况下审视、关注国外的某一具体制度，会发现它只是法律体制中的一部分。学习国外的先进经验应当在整体学习的基础上进行"①。在新宪法起草过程中就曾着手限制检察机关的角色，使其仅仅完成诉讼功能，而将其监督功能予以废除。但是在颁布的宪法中规定检察机关权能由联邦法律加以规定（俄联邦宪法第129条）。也就是说，检察机关的监督权能以及它所享有检察权的法律地位在与宪法同时期的检察机关法中得以确立和巩固。可见，新宪法在涉及有关检察制度的存废和具体设置的问题时，并没有盲目地照搬西方三权分立国家的国家机构设置，将国家权力分为立法权、行政权、司法权，而是从本国的实际国情出发，考虑到检察机关的特殊性保留了检察机关。

第二，政治体制转型后的俄罗斯并没有改变检察机关检察权的监督性质，其监督职能依然得以保留。而且依据学者B. E. Чиркина的观点，近10年来的立法和实践趋势是加强检察机关的监督权能。② 在诉讼领域，限制检察机关监督权能的立场

① И. В. Велиев, "Место прокуратуры в системе органовгосударственной власти РФ", *Современное право*, 2005, N10.

② Мельников Николай Васильевич, *Прокурорская власть и личность: Правовые средства обеспечения конституционных прав и свобод граждан России*, Юристъ, 2003, p. 15.

也正在受到怀疑。① 笔者认为之所以会出现这种现象，除了与俄联邦权力分立体制的特殊性有关外，也同检察机关所具有的权能的特殊性有关。俄罗斯的权力分立体制是不平衡的，虽然号称三权分立，实际上存在四权，而且总统权力是高于其他国家权力的。检察机关的监督权能在保证宪法的实施以及生效法律在俄罗斯境内的有效执行的同时，也保证了法律的统治地位、法制的统一和稳固。正是因为检察机关所具有的监督权能，“它可以促进权力行为的协调一致和相互配合，使它们相互平衡，使其中任何一个权力分支不凌驾于其他权力分支之上或者是压倒其他权力分支。它可以防止任何国家机关在实现国家权力时破坏国家权力的统一。检察机关的任务、功能在实施监督的同时也保证了国家权力的统一，防止权力之间矛盾激化的恶果的出现”②。也就是说，检察机关因自身的监督权能而成为权力分立体系中的平衡器。这表明，检察机关并没有随着俄罗斯分权体制的确立而失去其存在的价值和必要性。虽然俄罗斯检察制度是以法国检察制度为蓝本建立起来的，但是俄罗斯检察制度并不是法国检察制度的复制品，其以监督职能区别于其他国家的检察制度。

三、我国有关检察权性质的论争

与俄罗斯不同，我国学者在研究和探讨检察制度时，并没有回避“检察权”一词，有关检察权性质也是各有各的说法。目前学界对检察权的性质主要有以下几种观点：

---

① Габеев Р. В，“Участие прокурора в гражданском процессеБюллетень”，*ВИУ выпуск*，2006，N17.

② Мельников Николай Васильевич，*Прокурорская власть и личность：Правовые средства обеспечения конституционных прав и свобод граждан России*，Юристъ，2003，pp. 86 – 87.

（一）行政权说

主张该学说的学者认为①，检察机关是行政机关，检察权是行政权。具体理由如下：

首先，检察权中的侦查权具有鲜明的行政性。侦查权是为了发现和揭露犯罪而依法采取一定强制措施的权力，侦查权的行使，不仅具有明确的目的性，强调侦查效率包括破案率，而且具有严密的组织性，要求检察长或部门领导人组织一定规模的侦查队伍实施计划周密的侦查行为。②

其次，"检察官一体化"是检察权的运作方式式之一。为了有效地保证检察权的统一和正确行使，检察官不能各行其是，而应使所有的检察官作为一个整体进行活动，这就是所谓的"检察官一体化原则"。"'检察一体制'，即检察机关上下都是一个整体，在以下四个方面体现得尤为具体：一是'阶层式建构'和上级的指令权，各级检察机关之间都存在着领导与被领导的关系，上级有权亲自处理属于下级检察官承办的案件和事项；二是职务收取和职务转移制，上级检察官有权将下级检察官承办的案件和事项转交其他下属检察官承办；三是官员代换制，参与诉讼、出席法庭的检察官，即使中途替换，对案件的诉讼效率也不会产生法律上的影响；四是首长代理制。"③ 检察机关上下级之

① 刘众宪主编：《司法改革热点问题》，中国人民大学出版社 2000 年版，第 77—78 页；谭世贵主编：《中国司法改革研究》，法律出版社 2000 年版，第 310—311 页；陈卫东：《我国检察权的反思与重构——以公诉权为核心的分析》，载《法学研究》2002 年第 2 期。

② 谢鹏程：《论检察权的性质》，载《法学》2000 年第 2 期。

③ 龙宗智：《论检察权的性质与检察机关的改革》，载《法学》1999 年第 10 期。

间的领导关系以及检察官之间的关系使其明显地区别于法院。各级法院之间只存在审级的分工，并没有领导与被领导的关系，而且法官在审理案件时是独立于法院院长的。

最后，与司法权不同，检察权另一个行政性特征表现为它不具有终局性。例如，公诉权、抗诉权等行使，都只能引起程序上的启动，而无法主宰实体上的处分权。尽管检察机关对某些案件具有不起诉的权利，但不起诉仍然不是一种终局性的权利，对于不起诉的案件，被害人可以自行向法院提起诉讼。而司法权则具有终局性，司法机关的裁决应具有最终的法律效力。①

（二）司法权说

依据该学说，检察机关属于司法机关，检察权是司法性质的权力。具体理由如下②：

首先，公诉权是具有司法性质的权力。公诉权是检察机关审查证据材料，决定是否起诉并在法庭上支持公诉的权力。其中，审查证据材料和决定是否起诉的行为，尤其是不起诉的决定，同法官的裁判行为极为近似，都是适用法律的行为，都以维护法律和公共利益为目标。

其次，检察官在诉讼活动中具有相对的独立性。在检察官的工作体制中有两个支柱性的基本原则，即检察官一体化原则和检察官相对独立原则，它们是对立统一的，缺少任何一个原则，都不可能形成完整的检察体制。检察官的相对独立性主要表现在：(1) 只有检察长对检察官享有指令权，检察官只对检察长负责；

---

① 潘度文：《中国民事诉讼中检察机关角色研究》，中国政法大学博士论文，2005 年，第 14 页。

② 谢鹏程：《论检察权的性质》，载《法学》2000 年第 2 期；龙宗智：《论检察权的性质与检察机关的改革》，载《法学》1999 年第 10 期。

(2) 检察长对检察官的指令权是有限的，检察长的指令不得违反法律，检察官在法庭上的表达自由不受检察长指令的限制；(3) 检察官应当根据自己掌握的案件材料和对法律的理解作出独立的判断，提出自己的书面意见，经检察长同意，即成为检察院的决定。关于检察长能否改派或取代持不同意见的检察官履行职务，各国的立法有所不同。

最后，检察权以实现法律和维护公共利益为宗旨，检察官享有法律守护人的地位，在查明事实和作出法律判断方面，检察官和法官怀有同样的目标，即实现法律和维护公共利益。检察权的行使不仅是启动司法程序的重大步骤，而且是完成司法程序的重要推动力量，是司法活动的主体之一，对审判活动发挥着重要的制衡作用。

（三）双重属性说

主张该学说的学者认为①，检察权具有司法权和行政权的双重属性。一方面，检察机关具有司法机关的属性，主要表现为：检察权的运作同样追求合法性，即以维护法律和公共利益为目标。现代检察权本质上是一种程序化、法治化的权力，检察权的行使受到法律的严格约束，检察权的行使除了追求合目的性之外，同样也追求合法性。同时，检察机关的地位和活动在国家权力体系中具有相对的自主独立性。由于检察机关的活动以适用法律为目的，为保障其活动免受干涉，检察机关在组织机构、人员构成（包括检察官的任命方式、任职期限等）方面独立于其他权力机构。从各国规定来看，检察机关的法律地位具有一定的独

---

① 万毅：《论检察权的定位——兼论我国检察机构改革》，载《南京师范大学学报》2004 年第 1 期。

立性，检察官在诉讼活动中也具有相对的独立性，每个检察官都有行使检察权的权限，并非只有检察院的首长才有这种权限，检察官在检察事务方面，是具有自己决定和表示国家意志的独立机关，而不是唯上司之命是从。他不是长官的附庸，能独立地作出诉讼判断并付诸实施。为了保证检察机关的公正行事，不受其他势力操控，确保检察机关及检察官的独立性就被视为是理所当然。另一方面，检察机关也有行政机关的属性，主要表现为，行政权作为一种塑造性权力，强调的是积极干预、主动追究。从检察权的启动来看，贯彻的不是司法权不告不理的被动性原则，而是行政权的积极干预、主动追究的行事原则。检察机关掌控侦查权和控诉权，一旦检察机关获悉犯罪消息，就应立即启动侦查程序加以调查，并在此基础上提起刑事检控。同时，检察权采取的是行政权的结构和运作方式，从检察权的内部结构要素来看，检察机关在一定程度上采取了行政性组织管理模式，实行上命下从、上下一体的组织原则和工作机制，这是一种典型的行政管理模式。

（四）法律监督权说

主张该学说的学者认为，检察机关是国家的法律监督机关，行使的是法律监督权。理由如下①：

首先，我国宪法明确规定检察机关为国家法律监督机关。宪法第 129 条规定："中华人民共和国检察院是国家的法律监督机关。"宪法的规定表明，检察机关是专门职司法律监督的机关。"无论从宪法和法律的明文规定看，还是从社会主义法制的理论

① 石少侠：《论我国检察权的性质——定位于法律监督权的检察权》，载《法制与社会发展》2005 年第 3 期。

与实践来讲，我国检察机关的性质都只能是国家的法律监督机关。这是我们研究我国检察制度的基本出发点。”①

其次，分权制衡理论决定了检察权的法律监督权属性。考察检察制度产生及其演变的历史，可以得出结论，检察权的出现就是分权制衡理论的具体体现。在这种分权制衡理论的指引下，各国检察权都或多或少地带有法律监督的色彩。我国检察机关肩负着监督侦查、公诉犯罪和监督审判的重要职能，是遵循分权制衡理论专门设置的法律监督机关。将分权制衡理论与我国检察机关的法律监督职能联系起来加以探讨，对于充实我国检察制度的基础理论，对于正确界定我国检察权的性质，无疑具有重要的理论意义。在分权制衡的理论基石上认真思考，检察机关的法律监督职能理应被看作我国国家权力结构中发挥自我调节功能，均衡国家机器运行的国家监督制约机制中不可或缺的重要环节。

再次，法律效力的普适性与法制的统一性决定了检察权的法律监督权属性。任何国家的立法，其目的都是要赋予其全社会一体遵行的效力，即赋予法律普遍适用的效力，这就是法律效力的普适性。法律作为凝结在规则中的国家意志，不仅相对于个人的意志是独立存在的，而且在本质上要求个人意志服从统治阶级外化为法律的国家意志。然而，就人性而言，个人意志几乎天然地具有不愿意服从他人意志的本性，这与法律要求人们一体遵行的强制性之间，必然会发生矛盾和冲突。因此，社会必然存在不遵行法律的人。这种矛盾和冲突，在客观上决定了国家只有通过强有力的检察督促手段促使人们服从和遵行法律，并对违法者给予制裁。只有这样，才能维持法律效力的普适性，才能确保法律不

---

① 王桂五主编：《中华人民共和国检察制度研究》，法律出版社 1991 年版，第 130 页。

至于成为毫无意义的一纸空文。于是，法律便借助国家的强制力来强制人们服从。从这个意义上讲，法律监督是法律存在的基础和保障，是法律自身属性的逻辑要求。

最后，依法治国要求检察权具有法律监督权属性。依法治国是建设社会主义法治国家的基本要求，依法治国就要保证一切国家权力的行使都必须严格依法进行。为此，就必须有健全的监督制约机制，就要有专门的法律监督机关。从这个意义上说，法律监督权的行使是检察机关在建设法治国家的过程中所肩负的第一要务，不仅在推进依法治国的进程中要强化检察机关的法律监督权，就是在建成法治国家后，检察机关的法律监督权也不能被丝毫弱化，因为在任何情况下，法律、法治和依法治国都离不开强有力的专门机构的守护。

从上述观点的论述中可以发现，无论主张检察权为司法权、行政权，还是主张其兼具司法行政双重性质的观点，实质上都是以三权分立为背景来看待中国的检察权。“西方的权力形态、法治理念和制度模式只是论证的工具而不是大前提。”① 简单地将国外制度与中国制度相类比，以西方三权分立为论证的出发点说明中国的检察权性质，反映了西方文化霸权对我们的支配。正如邓正来先生所言：反思、批判以及重构中国的法学，应当坚持中国社会科学的自主性。这种自主性在国际向度上就是摆脱西方文化的霸权。② 本国的国情既是研究的出发点也是研究的归宿。就如同站在三权分立的立场看中国人民代表大会制度一样，怎么看都是不顺眼的。中国的检察制度是完全不同于西方的政治体制结

---

① 孙谦：《中国的检察改革》，载《法学研究》2003 年第 6 期。

② 邓正来：《临界：中国青年学者的使命与担当——中国法律哲学临界丛书总序》，载毛国权：《宗法结构与中国古代民事争议解决机制》，法律出版社 2007 年版，第 2 页。

构中的重要制度设置，是人民代表大会制度的必然选择。因此在分析和解读检察权的性质时，不能脱离我国的国情，简单地将西方的检察理论直接适用于我国。

四、本书观点：宪法背景下的检察权

从前文所述可以看出，检察权性质论争的主要焦点是检察权和司法权、检察机关和司法机关之间的关系问题，这种论争始于20世纪90年代，时至今日仍在继续。从时间角度而言不能不将这场论争与始于20世纪80年代目前仍在轰轰烈烈进行着的司法改革相联系，更为重要的是，司法改革是检察院和法院紧张关系的直接诱因。司法改革最初的动因源于法院人少案多的压力，后来随着改革的不断扩大和升级，改革的重点和中心逐渐转移到了司法独立的问题上，这才有了检察权之争和法院中心论。法院中心论“强调的是法院在司法体制中的中心地位，强调审判权是司法权的核心”。而且自“1990年代末期，这一观点在法学文献中得到越来越多的、或明或暗的支持”①。检察权之争以及法院中心论的提出，都反映出检察机关正处于十字路口，处于合法性的危机之中。

中国的检察制度究竟应向何处去？仁者见仁，智者见智。有学者认为：“检察机关在我国宪政体制以及在刑事诉讼中都不应该定位为国家法律监督机关，更不应该具有国家法律监督权的主体资格。同时，检察机关成为司法机关的观念也是没有任何法律和法理根据。显而易见，中国检察官只能定位为在刑事诉讼中代

① 滕彪：《司法的变迁》，载《中外法学》2002年第6期。

表国家承担控诉职能的具有国家公务员性质的公诉人。"① 与之相对立的学术观点认为，检察机关的法律监督地位，不仅是合法的而且是合理的。我国有必要设置法律监督机关，由检察机关作为专门的法律监督机关是最佳的选择。其法律监督职能不仅不能削弱，而且应当进一步地加强。②

理论争鸣在司法实践上表现为检、法两家论战，冲突不断③。孰是孰非尚无定论。唯一可以清晰地指出的是，同目前俄罗斯的情况相类似，我国检察机关尚处在发展变化之中，主张加强检察监督者有之，主张废除者有之，主张限制完善者有之。司法改革已走过近20年的历程，这期间法院独立以及当事人程序主体意识不断得到肯定和发展，如何看待检察机关的未来走向呢？笔者认为，无论是从历史的角度，还是现实的角度，检察权都应当是监督性质的权力。

首先，人民代表大会制度决定了检察权的监督性。"法治国家的核心历来都是国家权力配置问题，而这一核心显然离不开政

① 郝银钟：《评检察机关法律监督合理论》，载《环球法律评论》2004年冬季卷。主张类似观点的还有：夏邦：《中国检察体制应予取消》，载《法学》1999年第7期；郝银钟：《中国检察权研究》，载《刑事法评论》（第5卷），中国政法大学出版社；陈卫东：《我国检察权的反思与重构》，载《法学研究》2002年第2期；陈瑞华：《司法权的性质》，载《法学研究》2000年第5期。

② 参见孙建国：《论我国法律监督的政治基础以及完善》，载《人民检察》2003年第10期；邱学强：《论检察体制改革》，载《中国法学》2003年第5期；朱孝清：《中国检察制度的几个问题》，载《中国法学》2007年第2期。

③ 检察院和法院曾就检察监督是否有存在的必要，进行过一场令人瞩目的论战。双方代表你来我往，争论激烈。在此，有必要指出的是，该论争并没能跳出部门利益之见。

治体制的构造问题。”① 我国的根本政治制度是人民代表大会制度，国家权力统一由人民代表大会行使。在人民代表大会之下设立四个机关：行政机关、审判机关、法律监督机关以及军事机关，国家权力统一国家权力之下的四个分权力：行政权、审判权、法律监督权以及军事权。“一切有权力的人都容易滥用权力，这是万古不易的一条经验。”② 为防止权力腐败，我国也需要对权力进行监督。我国一元化的政体在本质上和理论上都不同于西方三权分立的政治体制，在权力的监督模式上也自然也不同西方国家。在一元化政体之下，人民代表大会及其常务委员会对其下辖诸权能的监督只能是宏观的单向的监督，为弥补这种监督的不足，客观上国家需要有一个经常的监督机构，且维护法律秩序、法制统一是其主要职能。因此设立检察机关作为法律监督机关是人民代表大会制度的必然选择。总之，“中国检察制度是从中国国体、政体和国情出发，在吸收中国历史上政治制度的精华、总结社会主义法制建设正反两方面经验教训、借鉴其他国家检察制度的基础上建立和发展起来的，是马克思列宁主义基本原理同中国具体实践相结合的产物，也是有中国特色的社会主义政治制度和司法制度的重要特征。其法律监督的性质，既体现了世界各国检察制度的共性，又体现了中国的特殊性，较好地反映了中国宪政制度下对国家权力制约监督、以保证权力在法制轨道上运行的客观要求，因而具有科学和先进的内在品质”③。

其次，检察权的监督性质有助于维护司法公正。公正是诉讼

---

① 孙笑侠：《法治国家及其政治构造》，载《法学研究》1998年第1期。

② ［法］孟德斯鸠：《论法的精神》（上册），商务印书馆1965年版，第154页。

③ 朱孝清：《中国检察制度的几个问题》，载《中国法学》2007年第2期。

的灵魂和永恒的价值追求，诉讼作为适用法律解决纠纷的法律活动，就是要恢复社会中受到破坏和扭曲的权利义务关系，合理解决已经发生的冲突，从而消除和预防冲突的发生。培根就曾经说过："一次不公正的审判比十次犯罪危害更大，因为犯罪只是污染了水流，而不公正的审判却真正污染了水源。"一般而言，司法公正包括程序公正和实体公正。"实体公正主要是指立法在确认实体权利义务关系时所应遵循的标准和判决适用实体法的结果，程序公正则主要是指司法程序运作过程中所应遵循的价值标准。其本身就意味着它具有一套能够保证法律准确适用的措施和手段，并且由此能够形成保障法律准确适用的常规机制。"① 目前在我国由于各种主客观的原因，某些裁判不公也是不争的事实，各级法院再审案件的存在也从一个侧面反映了这一事实。"实施法律监督，维护司法公正，是检察机关的基本职能。"② 检察机关的法律监督，一方面通过对审判活动合法性的监督，纠正审判中的违法行为，维护审判的程序的公正，另一方面通过对确有错误的判决的抗诉，纠正不公的判决，实现审判的实体公正。从程序和实体两个方面实现司法公正，维护司法权威。"检察机关参加诉讼的首要任务在于保证法院判决的合法性和合理性并借此巩固法院的最高权威。"③

最后，检察权的监督性质有助于维护法律的统一和正确适用。亚里士多德曾经说过，"法治应当包括两重意义：已成立的法律获得普遍良好的服从，而大家所服从的法律又应当是本身制

---

① 李祖军、田毅平：《民事诉讼目的论纲》，载《现代法学》1998年第5期。

② 杨立新：《民事行政诉讼检察监督与司法公正》，载《法学研究》2000年第4期。

③ M. A. Викут, *Гражданский процесс*, Юристъ, 2004, p. 94.

定良好的法律。”① 可见维护法律统一、正确地实施是现代法治的必然要求。孟子云“徒法不足以自行”，法的运行由立法、执法、司法、守法以及法律监督等环节构成，法律监督是法律运行机制中不可或缺的重要组成部分。② 目前由于国情的决定，在很长的一段时间内，还存在影响法律统一正确实施的因素，例如，封建残余思想、潜规则、经济文化不发达且不平衡、地方和部门利益以及执法犯法等影响了法律统一正确实施。③ 在这种情况下，设置专门的检察机关保证法律的统一正确执行也就成为了必然的选择。“检察机关保证所有诉讼参加者的行为合法性，保证法院作出的判决的正确性，消除所有破坏法律的行为，为实现公正审判提供帮助。”④

在此，还需要明确这样两个问题以廓清检察机关的监督性：

第一，虽然笔者主张将检察机关界定为法律监督机关，但与人大监督相比，检察监督是具体的法律监督。检察机关的监督是针对具体案件的监督，是个案监督，而人大及其常委会不直接处理案件，在一般情况下不宜从事个案监督，它主要通过听取报告、对执法活动进行检查、审查撤销规范性文件、行使决定权、任免权和质询权等方式对“一府两院”实施间接监督和抽象监督。⑤

第二，检察机关的监督是程序性监督。所谓程序性监督意指检察机关的法律监督仅仅是一种程序救济机制，而且这种监督也

① ［古希腊］亚里士多德：《政治学》，吴寿彭译，商务印书馆 1965 年版，第 199 页。

② 卓泽渊：《法理学》，法律出版社 2002 年版。

③ 朱孝清：《中国检察制度的几个问题》，载《中国法学》2007 年第 2 期。

④ M. A. Викут, *Гражданский процесс*, Юристъ, 2004, p. 91.

⑤ 有关检察监督与人大个案监督之间的关系问题详见范愉：《司法监督的功能及制度设计》，载《中国司法》2004 年第 5、6 期。

要遵循一定的程序，才具有效力。主要表现为：首先，检察机关无权撤销它认为违法的行为，它只能向有关机关提出撤销违法行为的主张。例如，当检察机关认为法院作出的生效判决确有错误时，它不能自行宣告该判决无效，而是通过抗诉的方式向法院主张该判决有瑕疵。其次，检察监督的程序性还表现为监督同样要遵循程序，其启动的也是相应的司法程序，在司法程序中检察机关也要遵守程序规则。“检察机关法律监督的程序性含义说明：一方面，这种法律监督并不存在‘法官之上的法官’，或‘法院之上还有个监督者’的问题，它仅仅是平行机构之间的一种提醒和防错机制，终局决定权在法院。另一方面，要把该种法律监督与社会生活中一般意义上的监督区别开来，一般意义上的社会监督没有刚性的程序性限制。”①

第二节 民事检察权的内涵

一、俄罗斯民事检察权的内涵

（一）沙俄时期民事检察权的内涵

俄罗斯的检察制度自建立之日起至十月革命前几起几落，命运多变②，1864年司法改革之后，检察机关的权能初具现代雏

① 潘度文：《中国民事诉讼中检察机关角色研究》，中国政法大学博士论文，2005年，第14页。

② 有关检察机关自彼得一世时期起的机构设置详见 Мельников Николай Васильевич, *Прокурорская власть и личность: Правовые средства обеспечения конституционных прав и свобод граждан России*, Юристъ, 2003, pp. 1–56；张寿民：《俄罗斯法律发达史》，法律出版社2000年版，第79—81页。

形。当时检察机关的权能主要体现在诉讼领域，检察机关参加民事诉讼在这一时期得以确立。沙俄检察机关的任务不是监督地方权力机关的活动，而是“参加刑事诉讼，提起刑事控诉、监督罪行侦查，有时参加民事诉讼”①。沙俄时期的民事检察权主要包含以下内容②：

第一，检察官可以对特定的民事案件提出判断意见。沙俄时期的检察官虽然关于民事案件不能提起独立的诉讼，但是对于关于国库利益的案件、未成年人案件以及存亡不明失踪人的案件、关于裁判管辖问题、关于因民事诉讼所发生的刑事控诉问题、关于婚姻无效案件可以向法院提出判断意见。

第二，提出民事案件秘密审理的请求。当检察官认为民事案件公开审判不适合时，就可对法院提出秘密审理之请求。

第三，检察官对特定案件的判决提出异议的权利。对于关于国库利益案件以及关于婚姻无效案件，检察官有权对法院之判决提出异议。

从上述内容可以看出，沙俄时期的检察机关在民事诉讼领域发挥作用的空间并不是很大。首先，从权能来看，检察官只享有判断意见提出权以及异议权。此时检察权的内涵与前苏联检察以及俄罗斯联邦检察权的内涵最为显著的不同就是，检察官没有独立提起民事诉讼的权利。这表明，在当时的历史条件下，检察机关更多的是从外部监督民事审判，它本身并没有进入诉讼程序内部，成为程序的参与者，它只是通过提出判断意见、秘密审理请

① Мельников Николай Васильевич, *Прокурорская власть и личность: Правовые средствао беспечения конституционных прав и свобод граждан России*, Юристъ, 2003, p. 27.

② [前苏联] 高尔谢宁：《苏联的检察制度》，陈汉章译，王之相校，新华书店 1949 年版，第 21—22 页。

求以及异议等方式实施监督。检察机关法律监督者与诉讼提出者之间的身份冲突在当时并不突出。其次，检察官可参与的案件范围有限。无论是提出判断意见还是提出异议都仅限于法律明确规定的案件，不过并没有限定不公开审理的请求适用的案件范围。这说明检察机关只能对特定的民事案件实施监督。总之，沙俄时期的民事检察制度虽然肩负着监督职能，但是立法者并没有赋予检察官监督法院司法审判活动的权能，而且即便是其所拥有的提出判断意见以及异议的权利的行使也是非常有限的。更为重要的是，在司法实践中，“实行检察官参加民事诉讼的制度，并没有产生任何效果。由此检察官的意见已经变成一些‘空洞的形式’”①。

（二）前苏联时期民事检察权的内涵

1917 年 11 月 24 日公布的《关于法院的第一号法令》郑重宣布：废弃从前所有的侦查人员和检察监督制度。前苏联的检察机关没有随着苏维埃政权的建立而建立，世界上第一个社会主义性质的检察机关于十月革命胜利的 5 年之后，即 1922 年正式成立，在全苏联范围内建立集中的检察系统最终于 1936 年完成。依据列宁的法律监督思想，检察机关应当“监视整个共和国对法制真正一致的解释，不管任何地方的差别，不受任何地方的影响。检察长唯一的职权，就是把案件提交法院去审判”②。在民事诉讼领域，检察机关通过积极参加民事诉讼来完成它所面临的任务。在 1917 年十月革命至 1991 年前苏联解体这一历史时期

① ［前苏联］克列曼：《苏维埃民事诉讼》，译者不详，法律出版社 1957 年版，第 173 页。

② 《列宁全集》（第 33 卷），人民出版社 1957 年版，第 326 页。

中，涉及检察机关的法律主要包括前苏联颁布的4部宪法①、2部民事诉讼法典（1923年民事诉讼法典和1964年民事诉讼法典）② 以及其他3部涉及检察机关的宪法性法律③，下面笔者将以这些法律文件为基本分析蓝本，对前苏联时期民事检察权的内涵作一概览。

首先，前苏联时期的检察机关在民事诉讼中的监督范围呈不断扩大、加强趋势。例如，与1933年《苏联检察署条例》第4条所规定的检察长只能监督各级审判机关适用法律是否正确统一相比，1979年《苏联检察院组织法》规定，检察机关不仅可以监督法院的适用法律行为，而且也监督法院的具体审判行为。该法第31条规定，检察长可以对在法院审理案件时执行法律的情况实行监督。这其中自然也包括民事案件的审理。也就是说，检察长可以对法院的审判活动进行监督。再如1964年《苏俄民事诉讼法典》第12条第2款规定：检察长在民事诉讼的一切阶段，都必须及时采取法律所规定的措施，以排除任何违法行为，不管这些行为来自何人。而且，检察长在民事诉讼中行使自己的职权时，不受任何机关和公职人员的限制，他只服从法律并遵循苏联

① 前苏联共颁布了5部宪法，除1918年宪法没有规定检察机关外，1924年宪法、1936年宪法以及1977年宪法都明确赋予检察机关监督的权能。

② 本书所援引的1923年前苏联民事诉讼法的法律条文详见《苏俄民事诉讼法典》，张文蕴译，王之相校，人民出版社1948年版。1964年民事诉讼法的法律条文详见《苏俄民事诉讼法典》，梁启明、邓曙光译，刘家辉校，法律出版社1982年版。

③ 这三部法律主要是：1933年颁布的《苏联检察署条例》、1979年颁布的《苏联检察院组织条例》以及《苏联检察监督条例》。这3部法律的具体条文详见《检察制度参考资料》（上册），最高人民检察院研究室编1985年版，第87—136页。

总检察长的指示。与沙俄时期的民事检察制度相比，前苏联的检察制度进一步加强了检察机关的监督权能，而且在苏维埃政权的存续期间内检察机关的权能也一直呈加强趋势。

其次，检察机关参与民事诉讼中的方式多样化。一方面，前苏联民事诉讼法典以宪法为基础，进一步细化检察机关在民事诉讼中的权能。例如，通过立法的形式明确规定检察长可以独立提出诉讼。无论是 1923 年的民事诉讼法典（第 2 条），还是 1964 年的民事诉讼法典（第 41 条）都明确规定：如果检察长认为有必要保护国家或社会利益，或者保护公民权利以及合法利益时，他有权提起诉讼或者在诉讼的任何阶段上参加诉讼。此外，检察长可以依据其所拥有的监督权能对民事案件的执行实施监督。另一方面，前苏联民事诉讼法还赋予检察长可以对未生效的判决提出上诉以及对他认为确有错误的已生效的民事判决提出抗诉的权利，而不论他是否参加了案件的第一审程序。“无论检察长曾否参加第一审法院的诉讼程序，检察长都有对判决提出抗议的权利，检察长如果没有参加第一审法院的诉讼程序，他就在第二审法院提起诉讼程序，并且在诉讼程序的这一阶段上参加案件。”①

最后，检察机关可参加的民事案件的范围扩大。一方面，检察长可以在任何民事案件的任何阶段进入诉讼，这是由民事诉讼法的基本原则加以规定的。也就是说，检察长可以参加的案件范围是没有限制的，法律赋予了他极广泛的可能来参加诉讼。1923 年民事诉讼法典第 2 条规定：检察长如认为保护国家或劳动群众的利益有必要时，可随时参与诉讼。1964 年民事诉讼法典也有

① ［前苏联］C. H. 阿布拉莫夫：《苏维埃民事诉讼》，中国人民大学审判法教研室译，法律出版社 1956 年版，第 145 页。

与之类似的规定。[①] 在此需要说明的是，要求检察长参加法院所审理的一切案件不仅是不可能的也是不必要的。检察长所参加的案件并不是法院审理的一切案件，而只是为了保护国家或劳动人民的利益有必要参加的民事案件，至于是否有参加的必要则由检察长根据案件的情况自行决定。另一方面，虽然检察长可以自行决定是否参加民事案件，但是为了更好地维护社会主义法制以及劳动人民的利益，检察长必须参加某些民事案件的审理。例如，法院审理有关控告选民名单错误的案件（1964 年民事诉讼法第 234 条）、关于认定公民失踪或者宣告失踪人死亡的案件（1964 年民事诉讼法第 255 条）、关于剥夺亲权的案件（苏俄婚姻家庭法第 59 条）以及法院依照监督程序审理案件时检察长必须参加（1964 年民事诉讼法第 328 条）。

综上所述，在前苏联时期，检察机关不仅可以监督审判的结果，对法院判决提出异议，而且它还可以监督法院的审判活动，清除审判中的违法行为。此外，检察机关可以主动提起诉讼，亦可以加入他人已经开始的诉讼。因而此时的民事检察权的内涵主要包括：提出诉讼的权利、参加他人已开始的诉讼的权利、抗诉权、上诉权以及监督执行程序的权利。

（三）俄罗斯联邦民事检察权的内涵

前苏联解体后，俄罗斯并没有立即废除前苏联 1964 年颁行的《苏俄民事诉讼法典》以及与之相关的法令，而是在多次修改的基础上沿用该法典和相关的法令。早在 1993 年时，俄联邦

---

① 该法第 41 条规定：如果检察长认为对保护国家或社会利益，或者保护公民权利及合法利益有必要，他有权提起诉讼或在诉讼的任何阶段上参加诉讼。

的司法部门就成立了由司法实务人员和诉讼法学界的学者组成的新民事诉讼法起草小组，讨论有关起草新的民事诉讼法典的问题。该起草小组认为原有的苏俄民事诉讼法典已不能适应俄罗斯当前的经济发展，制定新的民事诉讼法典势在必行，有关检察长在民事诉讼中的地位问题就是当时起草小组所讨论的主要问题之一。① 根据1999 年生效的《俄罗斯联邦检察机关法》、2003 年生效的《俄罗斯联邦民事诉讼法典》以及其他联邦法律，目前俄罗斯民事检察权主要包括以下内涵：提起诉讼；检察长参加由利害关系人提起的诉讼提出结论；对和解法官审理的案件提出上诉；对生效判决提出抗诉。②

《俄罗斯联邦检察机关法》第 35 条规定：检察长在联邦诉讼法和其他联邦法律有规定的情况下参与案件的审理，如果有保护公民的权利和国家社会利益的需要，检察长有权向法院提出请求或者在诉讼的任何阶段加入诉讼，参加案件审理的检察长的权能由俄联邦诉讼法加以确定。2003 年生效的《俄罗斯联邦民事诉讼法》进一步细化了这一规定，该法第 45 条规定，检察长有

① M.C. 萨卡连主编：《俄罗斯联邦民事诉讼法典释义》，莫斯科 2003 年版，第 5 页。转引自陈桂明、刘鹏：《俄罗斯民事诉讼法典的修改》，载《比较法研究》2005 年第 3 期。

② Информационное письмо Генеральной прокуратуры РФ от 27 января 2003 г. N 8 – 15 – 2003 “О некоторых вопросах участия прокурора в гражданском процессе, связанных с принятием и введением в действие Гражданского процессуального кодекса Российской Федерации”, с1. Приказ Генпрокуратуры РФ? Об обеспечении участия прокуроров в гражданском судопроизводстве? от 02. 12. 2003. Постановление Пленума Верховного Суда РФ? О некоторых вопросах, возникших в связи с принятием и введением в действие Гражданского процессуального Кодекса Российской Федерации? от 20. 01. 2003.

权为了维护公民、不确定范围的人的权利、自由和合法利益或者维护俄罗斯联邦、俄罗斯联邦主体、地方自治组织的利益而向法院提起诉讼。俄联邦总检察长在2003年1月27日发布的《关于理解和适用民事诉讼法中检察长参加民事诉讼的规定》公开信中要求检察机关在适用民事诉讼法时应以该法第45条的规定作为检察机关参加民事诉讼的一般原则，可以通过提起诉讼、提出结论、上诉和抗诉等方式参加诉讼。① 俄罗斯联邦最高法院也通过司法解释的方式确认了检察机关参与诉讼的方式。② 这就是说在检察机关参与民事诉讼的方式上，立法者、法院以及检察机关三者之间是没有争议的。

从立法规定的内容来看，与1923年和1964年民事诉讼法典相比，俄联邦新民事诉讼法典在保留检察长启动诉讼程序、提出结论以及上诉和抗诉权利的同时，也为这些权利的行使设置了一定的条件。可以说，目前在俄罗斯，检察机关对民事审判活动的监督已经由全面监督逐步演化为有限、有条件的监督。这主要表现在：

第一，检察机关可主动提起诉讼的案件范围已由法律明确规定。《俄罗斯联邦民事诉讼法典》第45条明确规定：检察长有

---

① Информационное письмо Генеральной прокуратуры РФ от 27 января 2003 г. N 8 – 15 – 2003 "О некоторых вопросах участия прокурора в гражданском процессе, связанных с принятием и введением в действие Гражданского процессуального кодекса Российской Федерации", с1. Приказ Генпрокуратуры РФ? Об обеспечении участия прокуроров в гражданском судопроизводстве? от 02. 12. 2003.

② Постановление Пленума Верховного Суда РФ? О некоторых вопросах, возникших в связи с принятием и введением в действие Гражданского процессуального Кодекса Российской Федерации? от 20. 01. 2003, с19.

权请求法院维护公民、不确定范围的人的权利、自由和合法利益或者维护俄罗斯联邦、俄罗斯联邦各主体、地方自治组织的利益。维护公民权利、自由和合法利益的请求。仅在公民因健康状况、年龄、无行为能力和其他正当原因不能亲自向法院提出请求时才能由检察长提出。

第二，俄罗斯新民事诉讼法典虽然保留了检察机关提出结论的权利，但是却严格限制检察长这一权利的行使，并通过列举的方式明确规定了检察机关可以提出结论的案件类型。需要注意的是，检察长不能在由他提起的诉讼中提出结论。新民事诉讼法第45条规定，检察长可以就强制迁出、恢复工作、生命或健康损害赔偿等案件提出结论。检察长不及时到庭，不妨碍法庭对案件的审理。新民事诉讼法典的另一个新变化是：检察长参加由他人启动的诉讼程序，并提出结论是在法庭审查证据之后，法庭辩论之前（第189条）。

第三，检察机关可以提出上诉和抗诉的案件仅限于那些它参加了审理的案件。依据《俄罗斯联邦民事诉讼法典》第320、第337和第376条的规定，参加诉讼的检察长可以对一审法院的判决提出上诉，参加了案件审理的检察长有权对已经发生法律效力的法院判决和裁定向监督审法院提出抗诉。而非此前的对任何判决都可提出上诉和抗诉。而检察机关对此持有不同意见，它们认为，无论检察机关是否实际参加了案件的审理，只要依据法律的规定其应当参加案件审理，那么它就有权对判决提出上诉和抗诉。①

---

① Информационное письмо Генеральной прокуратуры РФ от 27 января 2003 г. N 8 – 15 – 2003 “О некоторых вопросах участия прокурора в гражданском процессе, связанных с принятием и введением в действие Гражданского процессуального кодекса Российской Федерации”, с3.

二、我国民事检察权的内涵

虽然俄罗斯民事检察权的内涵经历了从外部监督到外部监督与内部监督并存，检察长的权能也从对审判活动实施全面监督到如今有限的、有条件的监督。但是在民事诉讼中，检察权的行使可以有多种途径，体现于各种方式，例如提起诉讼、抗诉、提出结论等。与俄罗斯民事检察制度有着一定亲缘关系的我国检察制度，民事检察权内涵又是如何呢？

关于检察机关职能的探讨和研究更多是在刑事诉讼中。检察机关作为公、检、法中的一个环节，承前启后，担负着追究、惩治犯罪的重要职责。因此，往往产生这样的认识：检察权的行使也更多地体现于刑事诉讼中。侦查权、公诉权等检察机关在刑事诉讼中可行使的权利是检察权的主要内容。相形之下，对民事检察权的关注则显得薄弱得多。《中华人民共和国宪法》第 129 条和《人民检察院组织法》第 1 条规定，“中华人民共和国人民检察院是国家的法律监督机关”。与之相联系，《民事诉讼法》第 12 条规定：“人民检察院对人民法院的民事审判活动实行法律监督。”同时依据该法第 187 条的规定，最高人民检察院对各级人民法院已经发生法律效力的判决、裁定，上级人民检察院对下级人民检察院已经发生法律效力的判决裁定，按照审判监督程序提出抗诉。因此，从法律规定的角度来看，人民检察院在民事诉讼中行使的主要是一种监督职能，而这种监督主要以抗诉的方式在审判监督程序中得以实现。

在司法实践中，根据最高人民检察院的司法解释和民事检察业务的实际需要，检察意见、检察建议和纠正违法通知书等成为检察机关在长期司法实践中总结出来而又行之有效的监督手段，在民事检察业务中被继续使用，并且取得了一定的实效。在此需要特别提出的是，目前在司法实践和诉讼理论中有关检察机关是否有权提起公益诉讼的问题争议比较大。从目前的实践看，由于缺乏法律的明确规定，检察机关提起诉讼或支持提起诉讼的案件绝大多数是侵害国有资产的案件，其中又多为确认之诉，案件范围单一，法律地位模糊，权利义务不清。但并不能因此而否定检察机关提起民事公益诉讼的必要性。

可以认为，目前在我国民事审判实务中，检察机关通过起诉、抗诉、提出检察建议、检察意见以及纠正违法通知书等方式实现检察权。但由于立法上的原因，当前我国民事检察权的内涵尚处于阵痛之中，传统以抗诉为主的检察活动方式越来越受质疑，而实践中新生的方式又因法律地位模糊而处境尴尬。

三、中俄民事检察权内涵的比较与分析

新中国民事检察制度以本国国情为基本出发点，走一条具有本国特色的发展之路。它“一方面吸收了革命根据地时期人民民主政权检察制度存续发展的成功经验，另一方面学习和引进前苏联社会主义国家检察制度的精华”①。也就是说，中国的民事检察制度自诞生之日起其血液中就交织着两种相互不断融合的因素。俄罗斯联邦的民事检察制度直接脱胎于前苏联，两者之间的承继不言自明。更为重要的是，中俄两国也是目前世界上为数不多的赋予检察机关以监督权能的国家。因此，在民事检察权的内涵上具有一定的相似性。如中俄两国的民事检察制度均确立了抗诉制度，赋予检察机关对法院生效判决提出异议的权利。但是，在此还应当看到两国抗诉制度之间的差异。俄罗斯检察机关可以

① 张培田、张华：《近现代中国审判检察制度的演变》，中国政法大学出版社2004年版，第285页。

提出抗诉的案件范围明显窄于我国，它们只能对其参加审理的案件提出抗诉，而中国的抗诉制度是没有案件范围的限制的，无论其是否参加了案件审理，只要认为生效的法院判决具有法定的抗诉事由检察机关均可提出抗诉，相似的制度设置之间也是有差异的。俄罗斯检察机关抗诉范围较前苏联时期缩小的主要原因在于法院独立不断得到加强以及处分主义在民事诉讼领域内的确立。随着前苏联的解体，俄罗斯建立了权力分立的政治体制，并致力于从计划经济向市场经济的转变，法院独立日趋加强，当事人意思自治等思想得以广泛的传播，而这些变化直接影响了民事诉讼中检察机关的权利。

虽然中俄两国民事检察制度同源于前苏联民事检察制度，在内涵上有一定的相似性。但两者之间的差异也是明显的。第一，俄罗斯民事检察权的内涵远较中国民事检察权内涵丰富，检察机关可通过多种方式实现检察权：起诉、抗诉、提出结论、上诉等。虽然中国的检察机关在司法实践中可以通过除抗诉以外的诸如检察意见、检察建议、纠正违法通知书等方式行使检察权，但这些并非法定的检察权权能，法定的检察权权能只有抗诉，也就是说与俄罗斯民事检察制度相比，我国当前的民事检察制度采取的是事后监督的方式。第二，虽然中俄两国的检察机关都在诉讼领域内发挥作用，但是，俄罗斯的检察机关是通过介入诉讼的方式实现对俄联邦领域内生效法律的监督，而我国的民事检察制度更多地对法院判决的监督，更多地体现着对实体公正的追求。这种差异的根源在于俄罗斯检察机关除了可以监督诉讼外，还拥有一般监督的权能。所谓的一般监督是指检察机关可以对俄罗斯联邦各部、国家各委员会、局和联邦其他权力执行机关、俄罗斯联邦主体国家权力的代表机关（立法机关）和执行机关、地方自治机关、军事管理机关及其公职人员，以及企事业组织的管理机关和领导人员遵守俄罗斯联邦宪法和执行俄罗斯联邦现行法律情况，以及上述机关和公职人员作出的法律决定是否符合法律规定进行监督，在必要的情况下，检察机关可以依据联邦诉讼法的规定，向法院提出诉讼以终止有关机关或公务人员破坏法律的行为。而我国的检察制度则是没有这项权能。换句话说，我国检察机关在某种程度上是司法监督机关，与宪法赋予其的法律监督机关的地位不相符。

第二章 民事检察制度之基本理论问题

任何一种制度都不是空中楼阁，它必然依托于一定的理论基础。民事检察制度是检察制度的重要组成部分，同时也是民事诉讼法律制度的组成部分，一套完整的民事检察制度的有效运作和实行，同样离不开坚实的理论支撑。

第一节 民事检察制度的历史渊源——列宁法律监督思想

十月革命的胜利，建立了人类历史上第一个社会主义国家，前苏联废除了沙俄的旧法制，开始建立社会主义新法制。1917年11月24日颁布的《关于法院的第一号法令》宣布废除沙俄时期的检察制度，但是在苏维埃最初的5年内没有建立检察机关。在战时共产主义政策时期，国家的法纪监督工作由国家权力机关和国家管理机关加以实施，如全俄中央执行委员会、人民委员会、司法人民委员部、国家监察人民委员部。1920年后则由工农检察院实行，在地方则由工农兵代表苏维埃选举的司法委员会执行，后由司法处执行。① 在检察机关成立之前，虽然中央及地方各苏维埃机关在政府的监督下实施了一系列的措施保证了对国内法纪的监督。但是，由于法纪监督机关的多变以及职权的分散，使得法律监督职能不能充分的发挥作用。1921 年随着新经济政策的实施，为了牢固确立苏维埃制度以及保障经济建设的顺利进行，有必要加强社会主义法制建设。1922 年先后通过了刑法、民法、土地法、刑事诉讼法、民事诉讼法、劳动法等一系列的法典，这些法典奠定了苏维埃法制坚实的基础。“当时苏联的各省司法处隶属于省执行委员会，由它来肩负监督地方苏维埃等政权机关违反法律行为的职责，就只能对省执行委员会以下所属的各机关发生效力，而对省执行委员会本身就无权履行这一职责。”②这在客观上生成了建立监督国内法制的特别机构：检察机关的必要。在 1922 年全俄中央执行委员会审议《检察监督条例》时就检察机关的组织原则和权利问题引起了激烈的争论。会上很多委员反对省检察机关直接和唯一的服从于中央，并反对省检察机关对省执行委员会的非法决议抗议之权。列宁就是在同各种反对意见的争论中提出了自己的法律监督理论。

一、列宁法律监督理论的基本点

列宁在他的许多涉及法律问题著作中，如《论“双重”领导和法制》、《论新经济政策条件下司法人民委员会的任务》、《怎样改组工农检察院》、《宁肯少些，但要好些》等文章中，论述了社会主义法律监督理论。“社会主义国家检察机关的组织和

① ［前苏联］高尔谢宁：《苏联的检察制度》，陈汉章译，王之相较，新华书店 1949 年版，第 32 页。

② 王桂五主编：《中华人民共和国检察制度研究》，法律出版社 1991 年版，第 211 页。

活动原则的根本理论基础已经在列宁的《论“双重”领导和法制》的著作中体现出来，这篇文章是社会主义各国检察系统全部实践活动的基础性文件。”① 本书即以该文章为基本文献资料，简要探讨列宁法律监督理论的基本点。

（一）社会主义国家实施全面的法律监督

列宁认为，苏维埃国家要得到巩固和发展，社会主义法制是必不可少的手段，十月革命后，苏俄面临一系列的社会问题，中央政府针对很多急迫性问题制定了不少法律、法令，而地方各加盟共和国却拥有相当大的立法权，往往自行其是，法制的统一日渐受到威胁。“我们生活在无法纪的海洋里，地方影响对于建立法制和文明即使不是最严重的障碍，也是严重的障碍之一。”“我们的全部生活中和我们的一切不文明现象中的主要弊端就是纵容古老的俄罗斯观点和半野蛮人的习惯，他们总是希望保持同喀山省的法制不同的卡卢加省的法制。”“法制不能有卡卢加省的法制，喀山省的法制，而应是全俄统一的法制，甚至是全苏维埃共和国联邦统一的法制。”② 总之，列宁主张建立全面法律监督的理由是：为了巩固政权，查纠违法现象，对抗地方影响，建立统一的法制，必须建立强有力的法律监督。列宁的法律监督思想在此后的1924年的宪法、1936年的宪法、1977年的根本法、1933年的《苏联检察署条例》以及1979年的《苏联检察院组织法》③ 中一以贯之。

---

① ［前苏联］斯克沃尔佐夫等：《苏联东欧国家的检察长监督》，梁启明译，中国检察出版社1990年版，第32页。

② 《列宁全集》（第43卷），人民出版社1987年第2版，第195—196页。

③ 上述法律文件中有关法律监督的具体规定详见《检察制度参考资料》（上册），最高人民检察院研究室编1985年版，第86—136页。

（二）检察机关是实施法律监督的专门机关

十月革命后，根据马列主义理论，新生的革命政权彻底打碎了资产阶级国家机器，代之以崭新的法制和国家机器。其中就包括保障法制的检察系统。“在颠覆一切之后，面临的就是重建，这种重建不仅是物质性的有形实体，更是一种意识形态，一种新颖的理论模型。前苏联检察机关的建立和运作在很大程度上都来源于列宁的思想体系。”① 列宁认为检察机关的唯一职责就是保障法制的统一。他说过：“一般是用什么来保证法律的实行呢？第一，对法律的实行实施监督，第二，对不执行法律的加以惩办。”② “如果没有一个能够强迫使人们遵守法规的机关，权利也就等于零。”③ 检察机关正是列宁所说的监督法规遵守的机关。“检察长有权利和义务做的只有一件事：注意使整个共和国对法制有真正一致的理解，不管任何地方差别，不受任何地方影响。”④ 由此可以认为，检察机关是实施法律监督、保障法制统一的专门机关。如1936年宪法第113条规定：对于各部及其所属机构、公职人员以及苏联公民严格遵行法律之最高监督权，赋予苏联总检察长行使之。1924年的宪法、1977年的根本法、1933年的《苏联检察署条例》以及1979年的《苏联检察院组织

---

① 方立新：《从权力制衡角度探索监督的理性——质疑现行检察监督兼及权力监督系统的历史学、比较学思考》，载《中外法学》2002年第3期。

② 《列宁全集》（第25卷），第458页，转引自王桂五主编：《中华人民共和国检察制度研究》，法律出版社1991年版，第219页。

③ 《列宁全集》（第2卷），第253页，转引自王桂五主编：《中华人民共和国检察制度研究》，法律出版社1991年版，第219页。

④ 《列宁全集》（第43卷），第195页。

法》中均有类似的规定。①

（三）检察机关的组织原则

集中统一原则是检察机关的基本组织原则，时至今日，俄罗斯检察机关也在遵循这一原则。确立该原则的主要目的在于保障检察院独立行使检察权，防止和排除地方干预。“检察院所担负的任务的性质和它的组织结构规定了它的活动完全需要最严格的纪律和统一。检察长必须监督对法制有真正统一的理解，而不顾及任何地方上的差别，并监督检察系统各个环节最确切而绝对地贯彻在苏联总检察长的命令和指示中所表达的中央检察院对法律的理解。上级检察长对下级检察长的工作负全部责任，而苏联总检察长则对苏联境内所有检察机关的工作情况负全部责任。”②也就是说，肩负着监督法制统一职责的检察机关只有实施集中、统一的组织原则才能充分、有效地发挥自身的监督职责，摆脱地方的干预和影响，实现全国范围内法制的真正统一。

二、法制：列宁法律监督思想的理论内核

通过上述对列宁法律监督思想基本点的描述可以发现：法制是列宁法律监督思想的出发点和归宿，其整个思想体系完全立基于法制。之所以实施法律监督是为了维护法制统一，设置专门的机关是为了保障法制统一的实现，并以维护法制为基本出发点确立该专门机关的组织和活动原则。可以说，列宁的法律监督思想

---

① 1924年宪法、1977年根本法、1933年《苏联检察署条例》以及1979年《苏联检察院组织法》中类似的规定详见《检察制度参考资料》（上册），最高人民检察院研究室编1985年版，第86—136页。

② ［前苏联］B. T. 列别金斯基：《苏联检察院及其在一般监督方面的活动》，陈华星、张学进译，法律出版社1957年版，第106页。

完全是以法制为核心而展开的。

将法制作为法律体系的基本原则，首先产生并形成于社会主义国家。“法制是对社会主义社会实行国家领导的一项根本性的列宁主义原则，是巩固和发展社会主义国家、维护和发展社会主义所有制和社会主义关系这一新型经济基础的重要手段。”① 列宁曾强调指出：“法律是一种政治措施，是一种政策。”②法制就是实现社会主义最有效的手段和杠杆之一，社会主义法制是无产阶级实现专政的重要工具，也是巩固和发展新生的苏维埃政权不可缺少的重要手段，是建设社会主义必不可少的条件。

法制理论并非一成不变，列宁提出的法制思想由后人不断的深入和发展。有学者认为，前苏联时代的法制理论研究大致可分为三个阶段：第一，20 世纪 50 年代以前对革命法制和社会主义法制的初步研究阶段。第二，五六十年代对社会主义法制深入研究阶段，其理论的核心内容是：界定和讨论“法制”和“社会主义法制”的概念和含义；探讨和分析法制与民主、公民权利的关系。第三，八九十年代对“社会主义法制理论”的研究阶段，提出社会主义法治国家的宗旨是发展民主、保障人权和实现社会公正，并提出了社会主义法制国家的一系列基本原则。③ 对于法制基本要求和内容的认识，由于法学家们对法制的不同理解而不同。主流观点认为，一切国家机关、组织、公职人员和公民

---

① ［前苏联］斯克沃尔佐夫等：《苏联东欧国家的检察长监督》，梁启明译，中国检察出版社 1990 年版，第 1 页。

② 《列宁全集》（第 23 卷），人民出版社 1963 年版，第 49—41 页。转引自《苏联东欧国家的检察长监督》，梁启明译，中国检察出版社 1990 年版，第 3 页。

③ 曹南屏、程燎原：《“苏联时代”法制理论的生成及其主要内容》，载《法学评论》2000 年第 4 期。

严格（切实）执行（遵守）法律（和准法律文件），法律的必须遵行性及其切实执行是法制的基本点。① 据此，社会主义法制总的使命是要求一切主体绝对遵守法律和以法律为基础的其他法律文件。法制的基本内容和要求主要包括以下两个方面：

第一，社会主义法制应当是统一的。马克思列宁主义的经典著作奠定了社会主义法制统一的思想，具体而言对法制统一性的理解主要包括三个方面的内容：不同的社会阶层、社会团体和阶级对法制的态度是统一的；履行法制要求是普遍义务以及统一的适用法律规范。经济基础决定上层建筑，社会主义社会经济和政治基础的统一；社会主义社会关系的统一；社会主义社会不存在对抗阶级以及人民的道德和政治的统一决定了社会主义的法制必然是统一的。“在社会主义国家中这一概念（法制统一性）已被视为社会主义建设的客观规律，它取决于社会主义国家生产关系的共同性、劳动群众的平等性、政治体制的同一性以及各种族和各民族思想政治的一致性。同时也取决于社会主义经济有计划按比例的发展，这种发展对社会主义关系进行统一、有目的的调整。”② 此外，社会主义国家民主集中制的组织原则也要求法制的统一。法制统一可以克服地方主义和本位主义倾向。列宁的法制统一思想不就是在解决有关建立检察监督的问题时同地方主义倾向作斗争的产物吗？建立检察机关的目的之一就是保障法律规范得到统一的适用。“这里所谈的不仅仅是根据法律作为或是不

① ［前苏联］H. C. 马列因：《苏联现阶段的社会主义法制》，载《法学译丛》1987 年第 5 期。

② ［前苏联］B. 兹韦尔布里：《检察机关预防犯罪的活动》，莫斯科法律出版社 1971 年版；B. B. 沙普科：《列宁——社会主义法制缔造者》，莫斯科政治出版社 1965 年版。转引自［前苏联］斯克沃尔佐夫等：《苏联东欧国家的检察长监督》，梁启明译，中国检察出版社 1990 年版，第 10 页。

作为的问题，而且是根据对法律的一致了解统一适用法律的问题……排除执法者在具体场合适用法律规范时随心所欲的态度，排除对法律作出不同的解释，或排除在不同情况下赋予法律以不同的含义的作法。”①

第二，保障社会主义法制统一的实现。法制统一是不可能自发实现的，为此有必要从组织和制度上保障法制统一的实现。列宁一方面号召准确执行苏维埃的法律，同时也要求国家机关、公职人员、社会舆论和公民都来关心法律的实施和对执法情况进行监督。在诸多保障法制实现的监督中，检察监督被称为最高监督。“检察监督之所以被称为最高监督，是因为它是以国家的名义，以最高权力机关的名义实施的。检察院是苏联国家机关不可分割的一部分，国家赋予它一定的权力，对全国范围内法律遵行情况实行最高监督。这种监督，涉及法律规范规定的一切社会生活领域……检察院活动的基本内容，是对准确和统一地遵行法律实行监督……检察长判断一切，只是从执法的角度出发，并且只能是维护统一的法制。”②“必须指出的是，把检察长监督称为最高监督，并不是造成国家机关的等级制度，也不是规定其他政权机关都隶属检察机关，这一名称只是为了强调对检察机关在保障国家统一法制方面的活动的高度重视，以确定这种活动是国家活动的一种独立形式。”③

① ［前苏联］斯克沃尔佐夫等：《苏联东欧国家的检察长监督》，梁启明译，中国检察出版社 1990 年版，第 15 页。

② ［前苏联］B. N. 巴斯科夫、A. C. 巴浦洛夫、H. A. 谢利瓦诺夫、C. A. 希什科夫：《苏联检察院组织法诠释》，刘家辉、梁启明、盛杰译，中国检察出版社 1990 年版，第 2—3 页。

③ ［前苏联］斯克沃尔佐夫等：《苏联东欧国家的检察长监督》，梁启明译，中国检察出版社 1990 年版，第 15 页。

三、列宁法律监督理论在民事诉讼的中的运用

（一）确立合法原则为民事诉讼的基本原则

受列宁法律监督思想的影响，合法性原则成为民事诉讼的基本原则。将合法性原则确立为民事诉讼的基本原则意在保证民事审判活动符合法律规定，进而达到统一法制、统一法律适用的目的。

所谓合法性原则是指：法院、检察院、国家管理机关和其他诉讼参加人的活动应当遵照法律规范进行，不仅包括遵守实体法也包括遵守程序法的规定。在审判活动中准确和坚定的适用法律是为了保护诉讼权利和履行由其他诉讼原则产生的诉讼义务。检察机关监督准确执行法律，被视为合法原则重要的诉讼保障。1964 年《苏俄民事诉讼法典》第 5 条、第 10 条和第 192 条规定了民事诉讼中合法原则的一般规则：案件审理应当准确依照诉讼法规范进行；解决案件时，法院必须遵照实体法规范；法院的判决应当是合法的。合法性原则还表现在根据检察长的申请提起案件（民事诉讼法典第 4、第 41 条）、法院对双方当事人的处分行为的监督（民事诉讼法典第 34 条）、上诉审和监督审全面审查原判是否合法（民事诉讼法第 294、第 327 条）、法院有权利和义务主动实施某些诉讼行为（民事诉讼法典第 204 条）、在诉讼参加人未履行诉讼义务时采取制裁措施（民事诉讼法典第 159、第 288 条）等方面。①

---

① ［前苏联］A. A. 多勃洛沃里斯基主编：《苏维埃民事诉讼》，李衍译，常怡校，法律出版社 1985 年版，第 29—30 页。

（二）检察机关参与民事诉讼

检察机关参与民事诉讼是列宁法律监督思想的重要组成部分，其实质就是，加强法律监督，扩大国家对私法的干预，实现法制统一。列宁在1922年发表的《关于司法人民委员部在新经济政策下的任务》一文中明确指出："我们不承认任何'私人'的东西，在我们看来，经济领域中的一切都属于公法范围，而不是什么私人的东西。必须扩大国家对'私法'关系的干预，扩大国家废除'私人'契约的权力，不是把罗马法典，而是把我们革命的法律意识运用到民事法律关系上去。"① "不要顺从'西方'的愿望，而要进一步加强国家对'私法关系'，即民事案件的干预……正是在热那亚面前不要虚伪，不要畏缩不前，不要放过扩大国家干预的任何最小的机会。"② 列宁这一重要思想的理论和现实根据是：社会主义社会从根本上废除了私有制，建立了真正的社会主义公有制。因此在社会主义国家中，个人、集体、国家的利益是统一的。"个人和集体之间、个人利益和集体利益之间是没有而且也不应当有不可调和的对立的。不应当有这种对立，是因为集体主义、社会主义并不否认个人利益，而是把个人利益与集体利益结合起来。社会主义是不能撇开个人利益的。只有社会主义才能给这种个人利益以最充分的满足。"③ 而

---

① 《列宁文丛》(俄文版)，(第35卷)，第334—335页。转引自［前苏联］В. Н. В别里鸠根、Д. В. 什维采尔：《民事诉讼中的检察长》，王更生、卢佑先译，中国人民大学出版社1957年版，第10—11页。

② 同上注。

③ ［前苏联］斯大林：《与英国作家威尔斯德谈话》，人民出版社1953年版，第6页。转引自［前苏联］В. Н. В别里鸠根、Д. В. 什维采尔：《民事诉讼中的检察长》，王更生、卢佑先译，中国人民大学出版社1957年版，第11页。

对个人利益最大满足的重要方式之一就是检察机关代表国家参与民事诉讼，对民事诉讼活动是否合法实施监督。

在列宁这一思想的指导下，前苏联逐步建立并完善了检察机关参与民事诉讼的法律制度。1923 年和 1964 年的苏俄民事诉讼法典都明确规定了检察长参与民事诉讼。依据 1923 年苏俄民事诉讼法典第 2 条的规定：检察长如果认为保护国家或劳动群众的利益有必要时，得提起诉讼或是随时参与诉讼。此外，依据该法的规定，无论检察长是否参加了案件的审理，其均可对未生效的判决提出上诉、对已经生效的判决提出抗诉。“在民事诉讼中必须赋予检察长以这样的权利，使他有可能实现法律委托给他的任务。”[①] 将检察长参加诉讼的规定置于基本原则部分，凸显了检察长参加诉讼对民事诉讼的重要意义。1964 年的苏俄民事诉讼法典继承和发展了 1923 年民事诉讼法典中有关检察长参加诉讼的规定和精神，依据该法第 12 条的规定：检察长在民事诉讼的一切阶段，都必须及时采取法律所规定的措施，以排除任何违法行为，不管这些行为来自何人。检察长在民事诉讼中行使自己的职权时，不受任何机关和公职人员的干涉，他只服从法律并遵循苏联总检察长的指示。而且该法典详细、明确地规定了检察机关提起民事诉讼和参与民事诉讼的情形。由此可以认为，检察长已成为民事诉讼中凌驾于法院和当事人之上的监督者，无论是提出诉讼，或是参加已经开始的诉讼时，他仍然是对法制实施最高监督的机关的代表。也就是说，他更多是作为监督者而出现的，其实质在于实现自身维护法制统一的任务。总之，与 1923 年苏俄民事诉讼法典相比，1964 年苏俄民事诉讼法典进一步扩大了检

① ［前苏联］克列曼：《苏维埃民事诉讼》，法律出版社 1957 年版，第 164 页。

察长在诉讼中的监督权力，遵循列宁的法律监督思想形成了比较完善的前苏联民事检察监督制度。

四、列宁法律监督思想对中俄两国民事检察制度的影响

（一）列宁法律监督思想在我国的运用

列宁的维护法制和保证法制统一，必须有一个专门监督法制的检察机关的思想，是社会主义法制建设的重要思想，对社会主义国家的法制建设具有普遍意义。依据列宁的法律监督思想，专司法律监督职责的检察机关的职权之一就是对民事诉讼活动实行法律监督。新中国建立初期的法律制度贯彻了这一思想。

1949 年 12 月颁布的《中央人民政府最高人民检察署试行组织条例》第 3 条规定检察机关“对于全国社会与劳动人民利益有关之民事案件及一切行政诉讼，均得代表国家公益参与之”。而且依据该条例第 10 条的规定，关于全国社会与劳动人民利益有关之民事案件参与事项以及关于全国社会与劳动人民利益有关之一切行政诉讼参与事项由最高人民检察署第三处职掌。1951 年 9 月颁行的《各级地方人民检察署组织通则》明确规定各级地方人民检察署之职权之一就是代表国家公益参与有关社会和劳动人民利益之重要民事案件及行政诉讼。1954 年《中华人民共和国人民检察院组织法》第 4 条规定检察机关对于人民法院的审判活动是否合法，实行监督；对于有关国家的、人民利益的重要民事案件有权提起诉讼或者参加诉讼。“按照这一时期各地人民法院和人民检察院的具体做法，在民事诉讼中，人民检察院行使以下职权：一是起诉权，对于重大的民事案件，人民检察院可以向人民法院提起民事诉讼；二是参与诉讼的权利，即参诉权；三是上诉程序的抗议权，对于人民检察院自己起诉和参与诉讼的

案件，对第一审民事判决和裁定，有权按照上诉程序提出抗议；四是审判监督程序的抗议权，对于超过上诉期间的判决裁定，检察机关可以按照审判监督程序提出抗议，人民法院按照审判监督程序进行审理。”[①] 正当检察制度蓬勃发展之时，突如其来的“反右”斗争和“文化大革命”，使其遭受毁灭性的打击。1975年宪法明确规定，检察机关的职权由公安机关行使，这从宪法上彻底否定了检察机关存在的必要性，民事检察制度与其他检察制度同时被废止。

“文化大革命”后，检察机关于1978年恢复重建，各项检察职能也在不同程度上得以恢复。1979年2月实施的最高人民法院《人民法院审判民事案件程序制度的规定（试行）》中，对于人民检察院提起诉讼和参与诉讼的民事案件的审理程序都作了规定。但1979年《中华人民共和国人民检察院组织法》彻底废止了民事行政检察制度。虽然该法规定了中华人民共和国人民检察院是国家的法律监督机关，但其主要体现在刑事诉讼领域。在检察院的具体的职权中，规定的都是刑事检察监督，因而，按照该法的规定，检察院就成了具有单一职能的“刑事检察院”。[②] 1982年《中华人民共和国民事诉讼法（试行）》的出台，在一定程度上改变了1979年《中华人民共和国人民检察院组织法》的规定，重新确立了检察院对民事审判活动的监督权。该法第12条规定：“人民检察院有权对人民法院的民事审判活动实行法律监督。”遗憾的是，整部法律只有这一个条款涉及民事检察制度，没有与之相配套的具体制度设置。而且“由于这是规定基

① 杨立新：《民事行政诉讼检察监督与司法公正》，载《法学研究》2000年第4期。

② 杨立新：《民事行政检察教程》，法律出版社2002年版，第36页。

本原则的条款，几乎没有可操作性，因而不可避免地成为一种法律意义上的宣告”①。在1991年修改民事诉讼法时，仅对检察机关按照审判监督程序提出抗诉作出了具体规定，在民事检察的职能方面未有新的进展。除第14条的原则规定外，第185条至第188条规定了检察机关按照审判监督程序提出抗诉的程序。

在此需要特别指出的是，检察机关参与民事诉讼在我国经历了曲折的发展过程，被禁锢或是忽视了一个时期，但还是应当看到，撇开检察机关被撤销的期间不谈，在检察机关存续的其他时间内，其均为国家的法律监督机关，这一点，在民事诉讼中也没改变。可以说，列宁的法律监督思想对中国民事检察制度的影响仍在。虽然“今日中国的政治、经济、文化现状和列宁时代已相差甚远。但是抛开同中国法制不相适应的部分，应当承认，列宁提出法律监督的原因和所要解决的问题在中国同样存在。法制不发达，违法违纪现象的普遍存在以及地方保护主义的影响，使我们倾向于得出在中国只能加强法律监督而不是削弱法律监督的结论”②。民事检察制度是检察制度的重要组成部分，其不仅是理论上争议颇多的问题，也是司法实践中需要解决的问题。主流观点认为，民事检察监督还是必要的，关键是对民事检察监督进行准确定位，同时合理规定民事检察监督的方式和程序。③ 或许下面这句话更为贴切地表达了现时民事检察制度的境遇，“检制之所以遭人摒弃受人訾护者，非制度本身不良也，乃办理之未臻

① 潘度文：《中国民事诉讼中检察机关角色研究》，中国政法大学博士论文，2005年，第40页。

② 尹伊君：《检法冲突与司法制度改革》，载《中外法学》1997年第4期。

③ 陈桂明：《试论民事诉讼法学的进路》，载《中国法学》2007年第2期。

完善也。故检制存废问题，乃检制之如何办理问题”①。

（二）俄罗斯对列宁法律监督思想的继承

1. 合法性原则依然是民事诉讼的基本原则

法制原则是俄罗斯联邦的基础性原则。法制意味着一方面要有良好的法律规范，另一方面还要国家机关、社会组织和公民尊重和执行法律。当法律受到破坏时国家应当为受到损害的权利提供帮助，民事诉讼就是保护权利的方式之一。法制原则要求法院所有的裁决以及诉讼活动不仅要符合实体法的规定也要符合程序法的规定。法制原则的实现需要一系列的程序保障，这其中就包括检察长参加诉讼。② 对于检察机关介入民事诉讼的意义，俄罗斯学者 M. A. Викут 认为，检察长参加诉讼的基础是实现他的法律保护功能，检察长保证所有诉讼参加者的行为合法性，法院作出的判决的正确性，消除所有破坏法律的行为，为实现公正审判提供帮助。③ 可见，赞同检察机关介入民事诉讼的俄罗斯学者，更多的是从维护法制、保证法院和当事人行为的合法性角度来认识其合理性的。

2. 检察机关介入民事诉讼

依据列宁的法律监督思想，检察机关参加民事诉讼的主要目的是实现公正审判，维护国家利益和劳动人民的利益，维护法制统一。今日俄罗斯检察机关参与民事诉讼的目的之一仍然是维护国家和公民的利益，调整检察机关参与民事诉讼的法律规范非常

---

① 耿文田：《中国之司法》（第三篇），民智书局 1933 年版。转引自张培田、张华：《近现代中国审判检察制度的演变》，中国政法大学出版社 2004 年版，第 284 页。

② M. K. Треушникова，*Гражданский процесс*，Юристъ，2003，p. 40.

③ M. A. Викут，*Гражданский процесс*，Юристъ，2004，p. 91.

明显地证明了这一点。1991 年前苏联解体至 2003 年《俄罗斯联邦民事诉讼法典》生效期间，俄罗斯保留并沿用了 1964 年《苏俄民事诉讼法典》中有关检察机关参加诉讼的规定。即如果检察长认为对保护国家利益或社会利益，或保护公民权利及合法利益有必要，他就不仅有权提起民事诉讼，而且还有权在诉讼的任何阶段参加到已经开始的诉讼程序中。如果法院认为检察长有必要参加案件的审理，那么检察长则必须参加该民事案件的审理。① 此外，根据 1995 年生效的《俄罗斯联邦检察机关法》第 27 条第 4 款的规定，在违反民事诉讼程序所保护的公民人权和自由的情况下，如果受害人因身体状况、年龄或其他原因，在法庭或仲裁法庭上不能为自己的权利和自由进行辩护，或公民的人权和自由受到严重破坏，以及因其他情况致使此种违法对社会产生特殊影响时，检察长可以向法院提起诉讼，以保护受害人的权益。② 2003 年生效的俄联邦新民事诉讼法典也在第 45 条明确规定：检察长有权请求法院维护公民、不确定范围的人的权利、自由和合法利益或者维护俄罗斯联邦、俄罗斯联邦各主体、地方自治组织的利益。维护公民权利、自由和合法利益的请求仅在公民因健康状况、年龄、无行为能力和其他正当原因不能亲自向法院提出请求时才能由检察长提出。这些法律条文充分说明了对国家利益和公民利益的保护仍然是检察机关参与民事诉讼

① 《俄罗斯联邦民事诉讼法典》第 41 条。参见张西安、程丽庄：《俄罗斯联邦民事诉讼法 执行程序法》，中国法制出版社 2002 年版，第 14 页。

② Федеральный закон? О Прокуратуре Российской Федерации? от 17.01.1992 № 2202 – 1（ред. от 22.08.2004）// СЗ РФ от 20.11.1995，№ 47，ст. 4472，СЗ РФ от 30.08.2004，№ 35.《俄罗斯联邦检察院组织法》，周志放译，载《中国刑事法杂志》2002 年第 2 期。

的主要目的。

第二节　民事检察制度的理论纷争

一、俄罗斯民事检察制度的理论纷争

在前苏联解体之前，由于受列宁法律监督思想的影响，检察机关介入民事诉讼的合理性和正当性并没有受到质疑。随着前苏联的解体、俄罗斯权力分立体系的确立以及市场经济体制的建立，法院独立、当事人意思自治等思想得以广泛的传播，法官独立被日益强调和加强，检察机关的监督开始受到怀疑和批判，法院开始反对检察机关对审判活动的监督，检察介入民事诉讼的观点受到修正。

自20世纪90年代以来，有关检察机关介入民事诉讼存在两种截然相反的观点：一种观点认为，应当限制检察机关在民事诉讼中的权利，另一种观点则认为，应当在民事诉讼中扩大和加强检察机关的权利，以便其更好地实现自身的法律保护功能。有学者认为，在民事诉讼中必须清除检察机关所享有的“诉讼特权”。如从法院撤销案件、在任何诉讼阶段进入诉讼、对任何案件提出结论以及提出抗诉等诉讼权利。主张取消检察机关这些权利的主要理由是：检察机关的这些权利破坏了民事诉讼中的辩论原则和当事人权利平等原则。而且，“任何一个机关都不希望另一个独立的机关对自己的活动指手画脚。任何一个法官都会说在没有检察长参与的情况下，即使实体法和程序法没有作出相应的规定，他一样可以很好地解决案件，因为一切都体现在庭审以及

法官的内心确信中"①。主张检察机关介入民事诉讼的学者们则在承认民事诉讼中应当确立辩论原则和处分原则的基础上认为，考虑到目前俄罗斯财产分层导致的当事人之间事实上的不平等，有必要允许检察长参加到民事诉讼中。只有这样，辩论原则和处分原则才能得到真正的实现。正如俄罗斯的司法实践所显现的，低收入者、老年人、残疾人（包括患心理疾病者），他们没有在律师或法律咨询处获得帮助的可能，他们没有钱，如果再剥夺他们向检察机关提出保护请求的权利，即使没有开庭审理，争议的结果也是很明显的，它将是有利于有钱的一方当事人，因为他有能力聘请有丰富经验的律师。② И. А. Покровский 教授认为，"在人们的印象中，除了声名狼藉的法庭审判之外，没有任何关于法院的认识，庭审只会导致整个法律秩序的破坏"③。

依据俄罗斯现行宪法的规定，检察机关既不是立法权力机关，也不是行政权力机关，又不是司法权力机关，而是一种特殊的国家权力机关："护法机关"。④ 目前有关检察机关的权力、组织方式和活动程序等主要由具有俄罗斯联邦宪法性质的 1995 年生效的《俄罗斯联邦检察机关法》加以规定。依据该法的规定，

---

① Габеев Р. В, "Участие прокурора в гражданском процессе", *Бюллетень ВИУ*, 2006, N17.

② Г. химичева, "Не ограничивать права прокурора в гражданском процесс", *Законность*, 2000, N8.

③ И. А. Покровский, *Проблемы гражданского права.*, Статут, 2001, p. 295.

④ 目前在俄罗斯，护法机关仍然是指实施护法活动的一切机构，它不仅包括法院、检察院，而且包括俄罗斯联邦司法部、内务部、联邦安全局、联邦保卫局、联邦边防局、对外情报局、国家海关委员会、联邦税务警察局等。参见刘向文、宋雅芳：《俄罗斯联邦宪政制度》，法律出版社 1999 年版，第 240 页。

检察机关的任务是监督俄罗斯联邦领域内法律的实施，维护法制的统一和尊严。这种监督职能在民事诉讼中的体现就是检察机关参加民事案件的审理。依据该法第 35 条第 3 款的规定，为维护公民的利益、社会和国家的利益，在诉讼的任何阶段检察员都有权介入案件。① 同时，依据该法的规定，检察长在民事诉讼中的活动由民事诉讼法加以具体规定。因此，从立法的角度来看，检察机关参加民事诉讼是检察机关统一、巩固法制、行使监督权的方式之一。“很明显，缩减检察机关活动的权能，不仅降低了法院文书的权威，而且法院的威信力也受到威胁，限制检察机关的权能仅仅是维护在法院小团体的利益。除了检察机关外，谁也不能清除复杂的状况以及恢复受到破坏的公民权利和社会公共利益。”②

最终，作为妥协，新民事诉讼法采取了折中的观点：一方面，依据宪法和宪法性法律文件的规定允许检察机关参加民事诉讼；另一方面，受审判独立和当事人意思自治思想的影响限制了检察机关在民事诉讼中的权利。

二、我国民事检察制度的理论纷争

同前苏联一样，受列宁法律监督思想的影响，在 20 世纪 80 年代司法改革之前，检察机关介入民事诉讼的正当性、合理性并没有受到质疑。当司法改革为社会大众所耳熟能详之时，中国法律和法学的取法对象不知从何时起已由前苏联变成了英美国家，

---

① 《俄罗斯联邦检察院组织法》，周志放译，载《中国刑事法杂志》2002 年第 2 期。

② О. В. Мананников, “Участиепрокурора в гражданском и арбитражном процессе современных условиях”, *Арбитражный и гражданский процесс*, 2004, N11.

这对依照前苏联模式建立起来的检察机关而言并不是个好消息。"如果说，庭审方式采用普通法系的对抗制是司法制度改革选择的切入点的话，这项改革向纵深发展的必然推理便是限制乃至取消检察院的法律监督权。很明显，支持对抗制的一个必要的司法前提是以法院的审判为中心。"①

目前理论界和实务界对民事检察制度是否应当存在以及存在的方式等问题主要有以下三种观点：一是主张弱化或是取消民事检察监督，可称之为否定说。二是主张强化民事检察监督，可称之为强化说。三是主张改造现有的民事检察制度，限制检察监督，可称之为折中说。下面就各家观点作一简要介绍。

（一）否定说

否定说主张取消或者弱化检察机关对民事诉讼的监督。主张该学说的主张者认为，取消或者弱化检察监督的主要理由如下②：

1. 现行民事检察监督存在理论误区

检察监督的基本理念是检察院提起抗诉，监督法院依法办案，纠正法院的错误裁判，这一点不仅有立法的规定，而且学者们已形成共识。这一理念是以"有错必究"的司法原则为基础，该原则无疑是一项非常理想的司法原则，符合我国追求实质正义的司法传统。然而随着审判方式改革的进一步深入和发展，程序正义、诉讼公正以及审判程序的独立价值，越来越受到人们的重视，并且在审判实践中不断得到加强。对于何谓错误的判决、裁

① 尹伊君：《检法冲突与司法改革》，载《中外法学》1997 年第 4 期。

② 详见黄松有：《检察监督与审判独立》，载《法学研究》2000 年第 4 期；黄松有：《对现行民事检察监督制度的法理思考》；方如初：《民事抗诉权质疑和民事检察官工作的基本思路》，载《法治论丛》1996 年第 2 期；景汉朝：《审判方式改革实论》，人民法院出版社 1997 年版。

定，什么是错案，引起了人们的广泛关注和深刻反思。在众多的案件中，就案件事实认定和法律适用都存在不同程度的模糊性或不确定性，只不过不同案件的模糊性和不确定性存在程度上的差别。事实标准和法律标准都存在不确定性，正是由于这种不确定性，决定了法官的自由裁量权。因此，不同法官对相同案件甚至同一案件作出不同的裁判结果，并非异常，完全符合诉讼法理。换言之，一个案件完全可能存在多个裁判结果，而这些裁判结果都不是错误的，正确裁判结果并不是唯一的，不能以一个人裁判结果的正确为理由来证明和指责其他裁判结果的不正确。检察院基于裁判错误进行抗诉并不具有合理性。检察院基于自身对案件事实的认定或者对适用法律的理解，与法院持有不同看法，坚持主张法院裁判错误，从而提起抗诉（或其他纠正方式），发动审判监督程序，要求法院纠正错误判决，有悖于基本的诉讼的法理，陷入了一个案件只有一个唯一正确的裁判的错误理念。

2. 从比较法的角度来看，西方各国排除检察院对审判权的监督

尽管德、日、法及英美等西方资本主义国家和前苏联，东欧以及我国民事诉讼法都规定了检察院参与民事诉讼，但是参与民事诉讼的目的和功能有着本质上的差异。西方资本主义国家检察院参与民事诉讼是基于公益原则，作为社会公共利益的代表者提起或参加民事诉讼，在诉讼中处于当事人的地位。资产阶级检察学家认为，检察院应当是“社会秩序的捍卫者”，负有“一切家庭安宁”、“公民安全”的责任，绝不能以法律监督者的身份对审判进行监督。前苏联赋予检察院参与民事诉讼的一项重要功能是实行审判监督，监督法院的民事审判活动，纠正法院的错误裁判，从而维护法律的统一实施，因此，赋予其广泛的监督权。然而，前苏联的做法，却并未达到其预设的目的，不管是在理论

上，还是在检察实务中，都存在诸多问题。

3. 审判权的独立行使排斥外在监督与干预

审判权作为审理和裁决诉讼案件的国家权力，其行使不应受到任何外在权力的任何干涉，一旦审判独立受到影响或威胁，其结果必然是损害社会正义和司法公正，这将影响这种权力的终局性和权威性。因此，审判独立必然要求排除任何权力、任何机关的干预和影响。审判权独立本身隐含着司法公正，审判权的独立行使也就是司法公正的重要外在表征。检察院对法院的民事审判活动实施法律监督，其实质就是以检察权（或监督权）对法院的审判权进行干预，目的是通过这种干预影响法院的裁判（要求法院撤销其原判，重新改判）。法院作为国家的审判机关，在国家权力的分配和设置中，能够行使（也只能行使）对诉讼案件的审理和裁决权，即审判权，不能也没有其他权力，这本身已经体现了权力的相互制约。如果审判权在运行过程当中，即在国家权力分工的范围之内行使其应有的权力，仍然受到某种外在权力的制约和监督，无疑是对法院独立行使审判权的不当干预。检察院对法院的监督，尽管没有代替法院作出判决，但其要求法院修改已经作出的裁判的权力是非常强有力的，对法院审判权的影响也是显而易见的。

4. 检察院参与民事诉讼违背了当事人平等抗辩的原理

检察院抗诉的民事案件，必然有利于一方当事人。检察院抗诉是认为法院的裁判有错误，要求法院修改裁判，纠正错误。修改裁判的实质是重新配置当事人之间的权利义务关系，这就意味着一方当事人权利减少，而义务增加，另一方当事人则正好相反。权利减少而义务增加的一方当事人，必然会把主张和极力促成这一结果的抗诉人——检察院作为其对立面，尽可能地提出事实依据和法律理由，避免这一结果的出现。即要求保持原来的权利义务关系，甚至增加其权利。众所周知，在民事诉讼中与一方当事人对立的只能是另一方当事人，因此检察院完全站在了对方当事人的立场上这就完全违背了现代民事诉讼的基本规律——当事人平等抗辩原理。

5. 检察院介入民事诉讼否认了法院的独立审判权和最终裁决权

检察院可对法院生效判决提起抗诉，而对再审案件的处理结果，检察院和法院两家因认识不同时常陷入难以缓解的冲突之中，检察院对维持原裁判的审理结果再次抗诉，法院又予以维持，直到最高人民检察院向最高人民法院提出抗诉。对这种冲突有人认为，不应当最终由法院来裁决。因为在这种情况下，法院已成为冲突的一方，因而主张“解决办法只有一个，就是引入一个中立的裁判。当最高人民法院驳回最高人民检察院的意见后，检察机关应当有权提交全国人大常委会裁决”①，这就完全否定了法院的独立审判权和终局裁决权。由于检察院的多次抗诉，一抗到底，原本是居间裁判的法院却演化成了冲突的一方主体，原、被告之间的民事权益争议，最终变成检察院和法院两家的权力之争。之所以出现这种窘境，其根本原因是忽视，甚至否认了法院的独立审判权和最终裁决权。

（二）强化说

该学说主张强化民事检察监督，具体理由如下②：

---

① 邹建章：《论民事检察监督法律关系》，载《中国法学》1997年第6期。

② 杨立新：《民事审判判解研究·新中国民事行政检察发展前瞻》，吉林人民出版社1999年版；杨立新：《新中国民事行政检察发展前瞻》，载《河南省政法管理干部学院学报》1999年第2期。

1. 坚持检察机关参加民事诉讼具有法理基础

首先，国家设置民事行政诉讼检察监督制度的基础是人民代表大会制度。正是由于人民代表大会制度作为中国的政体，中国的检察机关才具有法律监督的职能，有权对审判活动进行法律监督。其次，审判独立，并不排斥对审判活动的监督。人民法院依法独立行使审判权，是我国宪法规定的原则。人民检察院依法独立行使检察权，也是我国宪法规定的原则。国家这样配置权力，就是通过审判权和检察权的相互制约，防止审判机关和检察机关滥用权力，以更好地保护公民、法人的合法利益。因此强调法院独立，而排斥对法院的监督是违反法理的。最后，检察监督坚持违法必纠，直接体现了公平、正义理念。追求法律的统一正确实施这一终级目的的实现，是通过对具体案件的监督来进行的，在现行的民事行政诉讼检察监督制度下，途径就是对错误的判决、裁定进行抗诉，法院通过再审，纠正错判。

2. 全面坚持和发展民事诉讼检察监督，是坚持依法治国，保障司法公正的必然

首先，民事诉讼的检察监督制度，绝非中国所独创，有各国立法例可以援引。以民事检察监督为中国法律制度的独创，国外鲜见其例为理由，否定中国的民事检察监督制度，显然是不能成立的。其次，检察机关参与民事诉讼并不会造成审判不公。从理论上讲，检察机关参与民事诉讼是为了维护司法公正，保障国家法律的正确统一实施。不论是其参加诉讼还是提出抗诉发动再审，都不是为了使诉讼偏离司法公正的轨道。从事实上讲，检察机关近几年对民事审判和行政诉讼活动进行监督，对案件进行抗诉，并没有导致司法不公。相反，抗诉的结果是法院经过再审，纠正了原来错误的判决或裁定，恢复了法院公正审判、严肃执法的司法权威。最后，民事诉讼检察监督并不会弱化法院审判权行

使的独立性，从而损害法院审判权的权威性，危及司法公正及社会正义。因为检察机关参与民事诉讼检察监督实践所坚持的指导思想是“执法为公，强化监督，维护司法公正、司法权威和法制统一”。

3. 现有的民事检察监督制度具有局限性

首先，现行立法总则和分则的规定相互矛盾，民事检察监督方式在立法上的单一性，导致民事检察监督的不全面性。在庞大、复杂的民事诉讼中，仅仅依靠简单的、单一的监督方式，是绝对不够的。其次，现行诉讼法规定的抗诉程序是不具体的，尤其是缺少具有可操作性的程序规范。最后，规定终审法院的上级检察机关才有抗诉权，不符合“将矛盾消灭在基层”的原则。宪法既然赋予检察机关以法律监督之职权，其即应当享有对于民事审判活动进行全面监督之职权。这种全面监督，不仅包括审判监督程序的抗诉、上诉程序的抗诉，还应当包括对起诉至判决、裁定执行的全部活动之监督，以及检察机关对于重要的民事案件的参与诉讼权利和对于涉及国有资产权益、社会公益案件的起诉权。

（三）折中说

折中说认为，检察机关参加民事诉讼是有其必要性的，但是必须对现有的民事检察监督制度进行改造。学者们认为，检察机关参与民事诉讼有利于实现社会公正、维护社会公共利益，贯彻、体现宪法所赋予它的法律监督职能。“在我国，民事检察监督不仅是现行法律规定的司法权力体制使然，而且具有现实需要。司法不公现象将在较长时间内存在，社会公共利益被忽视乃至被侵犯等现象也将长期存在，检察机关参与民事诉讼是理性的制度选择。”① 在如何改造现有民事检察制度的问题上学者们有一个基本的共识：赋予检察机关提起民事诉讼的权利，而对于检察机关如何行使这一权利以及如何改造现有的抗诉制度则可谓仁者见仁、智者见智。

1. 有关检察机关提起民事诉讼的问题

学者们认为，检察机关提起民事诉讼的范围应以维护国家和社会公共利益为标准。② 在检察机关提起民事诉讼的方式上，从有利于检察机关参与民事诉讼维护社会公共利益的角度来说，单独提起、参与提起民事诉讼以及共同提起等方式都应当纳入民事诉讼立法的范围。③ 在某些特殊的情况下（这主要是指对人事诉讼而言的），检察机关还可以公益代表的身份作为被告参与民事诉讼。④ 此外，检察机关可参与的民事案件不仅限于诉讼案件，对于非讼案件检察机关也可以提出申请。⑤还有学者主张检察机关对民事诉讼的关注重点应当放在涉及公益的民事案件上。⑥

---

① 陈桂明：《民事检察监督之存废、定位与方式》，载《法学家》2006 年第 4 期。

② 江伟：《略论检察监督在民事诉讼中的行使》，载《民事行政检察指导与研究》（总第 3 期），最高人民检察院民事行政检察厅编，法律出版社 2005 年版，第 115—117 页。

③ 常怡：《检察机关参与民事诉讼的若干问题》，载《民事行政检察指导与研究》（总第 4 期），最高人民检察院民事行政检察厅编，法律出版社 2006 年版，第 153—155 页。

④ 江伟：《略论检察监督在民事诉讼中的行使》，载《民事行政检察指导与研究》（总第 3 期），最高人民检察院民事行政检察厅编，法律出版社 2005 年版，第 115—117 页。

⑤ 陈桂明：《民事检察监督之废存、定性与方式》，载《法学家》2006 年第 4 期。

⑥ 田平安、李浩等：《中国民事检察监督制度的改革与完善》，载《现代法学》2004 年第 1 期。

2. 现有民事抗诉制度的改造

有学者认为，检察机关对未生效的一审判决、裁定认为其确有错误时，依上诉程序向上一级人民法院提出抗诉，避免事后监督方式对司法资源的浪费；对于已经生效的判决、裁定有权依审判监督程序提出抗诉，其抗诉范围应及于重要的生效判决、裁定；对于已经生效的调解书有权依审判监督程序提出抗诉。①

还有学者认为，从最近十几年的实践来看，现行的民事检察制度已经暴露出诸多问题，需要在以下几个方面对其予以重构：首先，为抗诉程序的启动设置前置程序，规定检察机关受理抗诉的前提条件是当事人的再审请求被法院驳回，且当事人向检察院申请抗诉。其次，明确检察机关有权针对法院所有的生效裁判提出抗诉。再次，规定再审审级，体现职权上的对应性。最后，理顺监督关系，完善检察机关在再审程序中的职责。②

三、本书观点

中俄两国独具特色的民事检察制度在大陆法系和英美法系的诉讼理论来袭时，其正当性和合理性日益受到质疑。曾经引以为傲的优点成为备受攻击的弱点，中俄两国的学者和司法工作者围绕着检察机关的职能、参与民事诉讼的必要性、参与民事诉讼的范围和方式等问题展开了激烈的争论。随着2003年《俄罗斯联邦民事诉讼法典》的颁布施行，俄罗斯学界有关检察机关参与

① 陈桂明:《试论民事诉讼法学的进路》，载《中国法学》2007年第2期；段厚省:《当前民事行政检察监督中存在的问题和对策思考》，载《犯罪研究》2003年第2期。

② 江伟:《略论检察监督在民事诉讼中的行使》，载《民事行政检察指导与研究》(总第3期)，最高人民检察院民事行政检察厅编，法律出版社2005年版，第115—117页。

民事诉讼的争论也告一段落，学者们关注的目光逐渐转移到了新民事诉讼法典中有关检察机关参与民事诉讼规定的施行。而我国，根据国家的立法计划，《中国人民共和国民事诉讼法》的修改虽已列入议事日程，但出台还需一段时间。继续探讨检察机关的职能配置和诉讼地位等问题还是十分必要的。

（一）检察机关参与民事诉讼的宪法之维

宪法是国家的根本大法，是国家立法活动的基础，普通法律的制定必须以宪法为依据，其内容不得与宪法相抵触。从《俄罗斯联邦宪法》到《俄罗斯联邦检察机关法》再到《俄罗斯联邦民事诉讼法典》是俄罗斯民事检察制度不断发展完善的过程，宪法确认检察机关存在的必要，检察机关法和民事诉讼法则细化检察机关参与民事诉讼的方式、范围等问题。可以说，《俄罗斯联邦宪法》、《俄罗斯联邦检察机关法》、《俄罗斯联邦民事诉讼法典》以及其他有关的法律法令是检察机关参与民事诉讼活动的法律依据，同时也调整着检察机关在诉讼中的活动。①

依据《俄罗斯联邦宪法》第 129 条第 5 款的规定，俄罗斯联邦检察机关的权限、组织及活动程序由联邦法律规定。事实上，宪法中所指的联邦法律主要是指 1995 年生效的《俄罗斯联邦检察机关法》和 2003 年生效的《俄罗斯联邦民事诉讼法典》。1995 年颁布实施的《俄罗斯联邦检察机关法》开篇明意，在总则部分明确规定检察机关为国家的法律监督机关，对民事审判活动进行监督。在分则部分，该法规定：（1）按照俄罗斯联邦诉讼法和联邦其他法律的规定，检察员出席法庭参加对案件的审理。（2）检察员出席法庭审理案件的权限，由俄罗斯联邦诉讼

① М. А. Викут, *Гражданский процесс*, Юристъ, 2004, p. 90.

法所规定。2003年的《俄罗斯联邦民事诉讼法典》进一步详细地规定了检察机关参与民事诉讼的方式、范围等问题。依据该法第34、第35和第45等条的规定，检察机关可以提起民事诉讼、对特定案件提出结论、提出上诉、抗诉等。从上述立法的规定中可以非常明显地看出目前俄罗斯民事检察制度的发展轨迹：以宪法规定为依据和出发点，通过部门法律不断发展完善相关的制度设置。

事实上，宪法根本法的法律地位决定了它在整个法律体系中的地位，俄罗斯民事检察制度的立法轨迹非常生动地说明了这一点。反观我国，《中华人民共和国宪法》第129条明确规定："中华人民共和国人民检察院是国家的法律监督机关。"民事诉讼法作为部门法，以宪法为依据规定："人民检察院有权对民事审判活动实行法律监督。"并且在第187条明确规定，最高人民检察院对各级人民法院已经发生法律效力的判决、裁定，上级人民检察院对下级人民法院已经发生法律效力的判决、裁定，发现有符合法律规定的情形之一的，应当按照审判监督程序提出抗诉。由此可见，检察机关参与民事诉讼于法有据，并非任意妄为。无怪乎学者认为："姑且不论现阶段进行的审判改革的合法性，即使正确，无论怎么样改革，在法律未作出明文修改之前，任何人都不能也不应该借口改革而否定民事检察监督制度。"①

（二）检察机关参与民事诉讼的应然之维

对于检察机关是否参与民事诉讼的问题，笔者认为可以从两个角度来分析，一是从实然的角度即以现有的法律规定为基本出发

---

① 田平安、李浩等：《中国民事检察监督制度的改革与完善》，载《现代法学》2004年第1期。

点，探讨检察机关参与民事诉讼的存废问题，上文已对此进行了论述；二是跳出现有法律规范的樊篱，从应然的角度探讨这一问题。

1. 检察机关参与民事诉讼的目的

欲从应然角度探讨检察机关参与民事诉讼的问题，须以检察机关参与民事诉讼的目的为出发点。民事检察制度是民事诉讼中的重要制度，民事诉讼的目的与检察机关参与民事诉讼的目的息息相关。

诉讼目的论一直被视为民事诉讼法学基本理论体系的重要组成部分①，一般认为，权利保护说、法律秩序维护说、纠纷解决说是诉讼目的论中的基本学说②。权利保护说认为，由于国家禁止自力救济，因而设置了民事诉讼制度，并由法院依照客观实体法对当事人实体权利予以保护。权利保护说以实体法规范的实现为其着眼点，强调国家实行民事诉讼的目的就在于保护实体权利。19 世纪末，随着自由资本主义向垄断资本主义过渡，权利保护说受到了普遍的批判，随之而产生了法律秩序维护说。该说认为，民事诉讼的目的不是保护实体权利本身，而是消除实体权利争议对社会秩序所产生的消极影响。纠纷解决说是由日本学者兼子一所提倡的，该说是在批判法律秩序维护说的基础上建构自己的理论的。该学说认为民事诉讼也如仲裁、调解一样是解决民事纠纷的一种方式，是以解决当事人之间的纠纷为目的，而不是从既存的实体权利出发来确认当事人之间原有的权利义务关系。

---

① 传统民事诉讼法学认为，民事诉讼法学的基本理论体系由诉讼目的论、诉权论、既判力本质论构成。我国学者认为，除了上述及基本理论外，民事诉讼法学的基本理论体系还包括诉讼标的论、诉讼法律关系论。参见江伟：《市场经济与民事诉讼法学的使命》，载《现代法学》1996 年第 3 期。

② 有关目的论学说的详细论述参见李祖军：《民事诉讼目的论学说评述》，载《现代法学》1999 年第 2 期。

国内学者对民事诉讼目的论的关注和研究较其他民事诉讼基本理论而言要晚一些。总体而言，在学界有关民事诉讼目的论的研究和争论中，主要有以下几种观点：（1）多元论。该观点认为，现代民事诉讼价值的多元化和相对性，决定了民事诉讼目的论的多重性。较为合理的思路是在各种冲突的价值观念中找到一个平衡点。因此，今后在民事诉讼目的上应注意两点：其一，保护实体权利应当作为民事诉讼目的的一个方面，但不宜无条件地将实体权利的保护列为民事诉讼制度运作的唯一、首要目的；其二，立法上应充分兼顾当事人的实体利益及程序利益，并赋予当事人充分的程序选择权，即民事诉讼目的应当"合当事人目的"①。（2）两元论。主张民事诉讼目的两元论的学者认为，民事诉讼制度是随着国家的出现而出现的。一方面，国家设置民事诉讼制度是为了实现其社会统治职能，即通过对民事纠纷的解决实现社会秩序正常化。另一方面，民事纠纷是因民事权益不明引起的，不对民事权益加以归属上的明确，则无法解决纠纷，使个人意志下的权益符合国家意志下的权益并加以保护是国家的责任。由此可见，民事诉讼制度具有双重目的：一是解决纠纷（维护社会秩序）；二是保护民事权益（确定权利义务关系）。②（3）一元论。主张民事诉讼目的一元论的学者之间也存在一定的差异。一部分学者认为，民事诉讼的目的在于解决纠纷。③另一部分学者认为依照宪法规定的精神，国家设立民事诉讼制度，并授权人民法院负责实施和运作。民事诉讼制度的目的应是利益

---

① 江伟：《市场经济与民事诉讼法学的使命》，载《现代法学》1996年第3期。

② 陈刚、翁晓斌：《论民事诉讼制度的目的》，载《南京大学法学评论》1997年春季号。

③ 刘荣军：《论民事诉讼的目的》，载《政法论坛》1997年第5期。

的提出、寻求、确认和实现，即利益保障。① 还有学者从正当程序原理出发，认为程序本身不再是手段而是目的本身，程序保障才是民事诉讼的目的。②

笔者认为，民事诉讼的目的应当是多元的有层次的。首先，民事诉讼的直接的目的是解决民事纠纷。国家设置民事诉讼制度的目的之一就是为纠纷的当事人解决纠纷提供国家救济。纠纷所侵害的不仅仅是当事者本身的权益，而且也涉及社会，危及或可能危及统治阶级的秩序和利益，必须予以解决。其次，当事人之间纠纷的有效解决在实质上是使受到破坏的当事人权利得以恢复，保障当事人的权利。民事诉讼通过审判权的介入，发现案件的事实，确认民事权利义务关系，保护公民、法人、其他社会组织的合法权益。最后，解决纠纷也罢，权利维护也罢，它们背后都有利益的驱动。因此，民事诉讼的根本目的在于保障利益。于国家而言，民事诉讼可以解决纠纷，减少社会矛盾，维护社会秩序。于当事人而言，民事诉讼为当事人提供权利救济途径，保护当事人的合法权益。检察机关参与民事诉讼是民事诉讼制度的重要组成部分，其设置自然也是围绕着民事诉讼的目的而设。换言之，检察机关参与民事诉讼为保障利益而设。这其中既包括国家的利益，也包含着对当事人利益的保障。甚至可以说，“除了检察机关，谁也不能清除复杂的状况以及恢复受到破坏的公民权利和国家、社会的公共利益。为公民、国家的利益而参加诉讼是检察机关参与民事诉讼的动力，在确有必要维护国家、社会利益的

① 李祖军：《民事诉讼目的论》，法律出版社2000年版，第156页。

② 章武生、吴泽勇：《论民事诉讼的目的》，载《中国法学》1998年第6期。

情况下，检察机关必须参加诉讼”①。

2. 检察机关参与民事诉讼的必要性

对于检察机关参与民事诉讼的理论依据主要有四种观点：监督说、干预说、公益说、公益说和广义监督权说的结合。监督权说以宪法和民事诉讼法的规定为基本出发点，认为检察机关参与民事诉讼是基于其对民事审判活动的监督权。干预说的观点源于列宁私法公法化的思想，认为检察机关可以提起民事诉讼，并在任何一个阶段参与民事诉讼。公益说是西方国家检察机关参与民事诉讼的理论依据，该学说认为，检察机关是作为社会公共利益的代表参与到民事诉讼中去的，其法律地位应当是“当事人或联合当事人”。公益说和广义监督权说相结合的观点认为检察机关只能为国家和社会公共利益提起民事诉讼。简言之，检察机关只能代表国家对破坏民事法律秩序，导致国家和社会公共利益受到威胁的当事人提起民事诉讼，它是检察机关提起民事诉讼的依据。②笔者认为，检察机关参与民事诉讼的必要性的论述，应与检察机关参与民事诉讼的目的相结合。

首先，检察机关参与民事诉讼是维护国家、社会公共利益的必然要求。在社会转型时期，利益主体多元化，各主体都会积极去追求自身的利益，在此过程中如何保护国家和社会公共利益成为迫切需要解决的问题。实践中公共利益得不到有效保护的问题日益突出，侵吞国有资产、破坏自然资源等现象时有发生。而且，让人遗憾的是，针对种种侵害国家利益、社会利益的行为提

① О. В. Мананников, “Участиепрокурора в гражданском и арбитражном процессе современных условиях”, *Арбитражный и гражданский процесс*, 2004, N11.

② 参见江伟、段厚省：《论检察机关提起民事诉讼》，载《现代法学》2000 年第 6 期。

起诉讼的却寥寥无几。众所周知，审判权的启动具有绝对的消极性，法院审理民事案件实行“不告不理”的原则，无人起诉，就无法启动诉讼程序，就无法追究违法行为人的法律责任，其结果必然是听任违法行为泛滥。因此，为了维护国家、社会公共利益，防止国有资产流失，防止自然资源的进一步被破坏，有必要设置专门的机关维护国家和社会的利益。“如果争议具有国家或社会意义，或者涉及大多数人的利益，那么检察机关完全可以依据法律的规定，为了清除这些行为而向法院提出诉讼、参加诉讼或者提出抗议。”①因为，“自检察制度产生以来，检察机关就以国家利益和社会公共利益代表的面目出现，作为国家的法律监督机关，其有义务，也有能力担当起维护国家利益和社会公共利益的职责”②。

其次，检察机关参与民事诉讼有利于维护当事人的利益。随着社会的不断发展，当事人之间的实力对比有可能产生差距，进而影响到诉讼力量的对比。“经过产业革命后形成的市民社会，以市场自律原则为基础，因而市场社会的纠纷主体在地位上完全处于平等状态，利用诉讼处理纠纷时，双方当事人在攻击防御机会和权利得到充分保障的前提下实施诉讼行为，因此对诉讼结果必须负责。而在高度技术化的消费者社会以及信息社会中，纠纷当事人的地位因为社会本身具有的特殊构造而产生结构上的差异。当一方当事人是一般的消费者和市民，另一方当事人则是拥有大

① О. В. Мананников, “Участиепрокурора в гражданском и арбитражном процессе в современных условиях”, *Арбитражный и гражданский процесс*, 2004, N11.

② 江伟：《略论检察监督在民事诉讼中的行使》，载《民事行政检察指导与研究》（总第 3 期），最高人民检察院民事行政检察厅编，法律出版社 2005 年版，第 115—117 页。

量资金和先进技术手段的企业以及拥有职权的国家机构、公共团体，他们之间的实际力量关系反映在诉讼程序上，就使得在传统诉讼体制下本来可以预期的当事人之间的力量对比失去平衡。"①而且，"现在的保护机制对大多数人来说是非常昂贵的，富有的人可以聘请有经验的律师，而穷人则只能依靠法庭指派。在这种情况下，是没有任何平等可言的"②。由此看来，检察机关参与民事诉讼在一定程度上可以矫正失去平衡的诉讼结构，维护弱势一方当事人的利益，使诉讼能够真正在当事人平等的基础上进行。

第三节　民事检察制度的主体

在民事诉讼中双方当事人诉讼地位平等，审判者居中中立，程序的展开是当事人平等对抗的过程。诉讼的结构呈等腰三角形，在当事人双方是一般的公民、法人或者其他组织时，由于力量均衡，等腰三角形的结构并不受到影响。检察机关的介入对原有的结构产生冲击，同时，又由于检察机关具有国家机关的性质，行使公权力，从而使诉讼结构的重建面临困难。因此有人认为，检察机关的介入，势必站在当事人一方，反对另一方，自觉不自觉地成为一方当事人的"公请律师"，诉讼程序自身的平衡性被完全打破。③ 这也是反驳民事检察监督制度在理论上最多见的理由之一。如何界定检察机关与法院、检察机关与当事人以及

① 刘荣军：《纠纷解决与民事诉讼制度的机能》，载陈光中、江伟主编：《诉讼法论丛》（第3卷），法律出版社1999年版。

② Степина Л, "Проект ГПК РФ и роль прокурора в гражданском судопроизводстве", *Законность*, 2001, N7.

③ 郝银钟：《检察权质疑》，载《中国人民大学复印报刊资料·诉讼法学、司法制度》1999年第9期。

三者之间的关系成为民事检察制度必须面对的问题。

一、检察机关在民事诉讼中的地位

（一）诉讼监督者

受列宁法律监督思想的影响，直至20世纪末，前苏联民事检察制度中的检察机关一直是作为凌驾于法院和当事人之上的监督者而存在的，“检察活动实质上就是行使苏维埃国家的监督权”①。检察机关参与民事诉讼的目的是保证在对民事案件进行审判方面，准确地遵守和统一地适用法律，因此，检察机关不仅监督民事案件裁判的合法性和根据性，而且监督法院审理时执法的准确性和统一性。检察机关还始终不渝地为保障所有诉讼参加人的权利和合法利益而进行监督。1979年11月30日通过的《苏联检察院组织法》第31条规定，苏联总检察长及其所属各级检察长对法院审理案件实行执法监督的任务是：实现关于各级法院全面、客观和及时审理案件的法律要求；对每一案件作出合法的和有根据的民事判决、裁定和决定；民事判决、裁定和决定得到及时、符合法律要求的执行。监督地位使得检察机关在民事诉讼中享有“特权”。主要表现为：

1. 检察机关可以在诉讼的任何一个阶段进入诉讼

为了保证诉讼活动的合法性，当检察机关发现了任何违反法律的行为，不管是在民事诉讼的任何一个阶段，检察长都必须采取措施予以清除。1964年《苏俄民事诉讼法典》第12条第2款就明确规定：“检察长在民事诉讼的一切阶段，都必须及时采取

① ［前苏联］斯克沃尔佐夫等：《苏联东欧国家的检察长监督》，梁启明译，中国检察出版社1990年版，第193页。

法律所规定的措施，以排除任何违法行为，不管这些行为来自何人。”检察机关完成上述任务，可以通过提起民事诉讼，也可以通过加入他人已经开始的诉讼提出意见的方式来完成。无论是提起诉讼的时候，还是参加他人已经开始的诉讼的时候，检察机关都是对法制实行最高监督的机关。①

2. 检察机关认为进入诉讼确有必要时，法院不得拒绝其进入诉讼

关于检察机关是否参与诉讼的问题，由检察机关自己决定，而不是由任何其他机关（包括法院）来决定。无论是1923年的《苏俄民事诉讼法典》还是1964年的《苏俄民事诉讼法典》均规定，检察长可以在诉讼的任何阶段进入诉讼，其中包括在国家利益或是劳动者的利益受到侵犯的一切情况下自行起诉。“要提起案件，只要检察长认为在该具体场合必须起诉，以保护国家或劳动人民的利益就可以了，在解决案件时，法院可以不同意检察长的意见，但是，法院必须受理案件。”②

3. 无论是否参加了案件的审理，检察机关可以对法院作出的未生效判决提出上诉、对生效的判决提出抗诉

检察机关可以在诉讼的任何阶段参加到已经开始的诉讼中，在哪个诉讼阶段参加诉讼，由检察机关自行决定，它可以参加第一审法院的审理，也可以在法院作出判决之后参加诉讼。在后一种情况下，检察机关参与诉讼的方式有两种，一是对未生效的判决向第二审法院提出上诉，二是如果检察机关发现法院的判决非法或是无根据时，可以依照监督程序提出抗诉。因为检察机关参

① ［前苏联］A. A. 多勃洛沃里斯基主编：《苏维埃民事诉讼》，李衍译，常怡校，法律出版社1985年版，第22页。

② ［前苏联］B. H. B别里鸠根、Д. B. 什维采尔：《民事诉讼中的检察长》，王更生、卢佑先译，中国人民大学出版社1957年版，第77页。

加民事诉讼的任务就是实现自身肩负的监督遵守法制的任务，查明违法的法院判决的工作是非常重要的。故而，虽然检察机关未参加案件的审理活动，也有权对判决提出上诉和抗诉。（1964 年《苏俄民事诉讼法典》第 282 条第 2 款）

我国民事检察制度深受前苏联的影响，可以说，我国民事检察制度就是以前苏联民事检察制度为模型建构起来的。我国检察机关在民事诉讼具有监督性的地位，也就再正常不过了。“检察机关是国家法律监督机关，这是确定它所有活动的性质的前提。在民事诉讼中，检察机关无论采取何种方式参与诉讼活动，他所处的地位都是法律监督者。”① 检察机关的职权之一就是对民事诉讼活动实行法律监督。1982 年制定的《中华人民共和国民事诉讼法（试行）》就作出了“人民检察院有权对人民法院的民事审判活动实行法律监督”的规定。但是仅仅是一条原则性的规定，而没有与之相配套的具体程序规范。与 1982 年试行民事诉讼法相比，1991 年的《中华人民共和国民事诉讼法》除了在总则部分规定“人民检察院有权对民事审判活动实行法律监督”外，还在分则部分确立了检察机关抗诉制度，以实现检察机关的监督权。该法第 185 条规定：“最高人民检察院对各级人民法院已经发生法律效力的判决、裁定，上级人民检察院对下级人民法院已经发生法律效力的判决、裁定，发现有下列情形之一的，应当按照审判监督程序提出抗诉：（一）原判决、裁定认定事实的主要证据不足的；（二）原判决、裁定适用法律确有错误的；（三）人民法院违反法定程序，可能影响案件正确判决、裁定的；（四）审判人员在审理该案件时有贪污受贿，徇私舞弊，枉

① 王桂五主编：《中华人民共和国检察制度研究》，法律出版社 1991 年版，第 398 页。

法裁判行为的。地方各级人民检察院对同级人民法院已经发生法律效力的判决、裁定，发现有前款规定情形之一的，应当提请上级人民检察院按照审判监督程序提出抗诉。”

从法律规定中可以看出，与前苏联不同的是，我国检察监督采取的是事后监督的方式，即对生效的法院判决提出抗诉。特别需要注意的是，立法并没有规定检察机关提起抗诉的案件范围，这就意味着检察机关可以对法院一切已经生效的判决提出抗诉。更为重要的是，检察机关是否参加了案件的审理并不会影响其提出抗诉的权利。如此一来，抗诉制度就成为悬于法院之上的一把监督利剑，它的拥有者就是检察机关。

（二）诉讼参与者

随着2003年《俄罗斯联邦民事诉讼法典》的生效实施，检察机关在民事诉讼中的地位悄然发生了变化，具体表现在：

第一，新民事诉讼法不仅确立了检察机关提起诉讼的理由和条件，而且列举了检察机关在诉讼中所维护其利益的主体。这从根本上改变了以前民事诉讼法所规定的检察机关任意提出诉讼的情况。只有在法律有明确规定的情况下，检察机关才可以提出诉讼。例如，新民事诉讼法第45条明确规定只有当公民因健康、年龄、无行为能力或正当理由无法亲自主张权利时，检察机关才能为之提起诉讼。

第二，检察机关在为他人的利益而提出诉讼时，应当在提交的诉状中写明他们的具体利益是什么，什么权利受到侵害。如果检察机关所维护的是公民的合法利益，那么在起诉状中还应当论述公民自己不能提起诉讼的理由，并提出一系列的证据加以证明。而对于公民不能亲自参加诉讼的理由正当与否则由法院判断。① 而在前苏联时期，检察机关有无理由参加诉讼的问题，是由上级检察机关进行审查的，同法院的审判任务是无关的。在检察机关起诉的任何场合，法院都应当对案件进行实体审理。② 这表明俄罗斯新民事诉讼法在法院和检察机关的关系方面悄悄地发生了变化，法院由原来的被动接受转变为现今的自主判断。

第三，检察机关在上诉程序和监督程序中的权利义务也发生了变化。与以前生效的苏俄民事诉讼法相比，新民事诉讼法最大的变化就是，检察机关可以提出上诉请求和监督请求的案件仅限于它参加了第一审审理的案件。俄联邦最高法院全体会议在2003年1月20日颁布的《关于理解和适用俄罗斯联邦民事诉讼法若干问题》的决议中指出，依据民事诉讼法第34、第35和第45条的规定而参加民事诉讼的检察机关享有向上级法院提出上诉请求和监督请求的权利，但是这取决于它是否出现在第一审程序中。换句话说，检察机关失去了对任何不合法、不充分的法院判决提出抗议的权利，它的监督权能正在一步步地消失。

第四，虽然对于特定类型的民事案件检察机关必须参加，而且有权提出结论。但是需要指出的是，有学者认为，检察机关参加这类案件，并不是因为监督法院对这类案件的审理，而是因为这些案件涉及的社会关系具有普遍的意义，检察长参加这类案件

---

① Ю. В. Тихонова, “К вопрос о процессуальном положение прокурора как участник гражданского процесса”, *юридический аналитический журнал*, 2003, N2.

② ［前苏联］В. Н. В别里鸠根、Д. В. 什维采尔：《民事诉讼中的检察长》，王更生、卢佑先译，中国人民大学出版社1957年版，第30页。

审理的目的在于保证公民遵守法律、维护公民的法律利益。① 也就是说，检察机关在案件中更多地表现为国家和公民利益的代表者，而不是监督者。

新民事诉讼法的颁布实施对于俄罗斯联邦的民事检察制度而言，具有一定的转折意义。法院和当事人逐步摆脱了检察机关对民事审判活动的监督和钳制，日趋成为独立的诉讼主体。检察机关也由原来高高在上的监督者转变为民事诉讼程序的参与者、国家利益和公民利益的代表者。

立法的变化并不是立法者任意而为，而是有一定的根据和理由的。首先，民事诉讼模式从职权主义向当事人主义的变迁冲击了检察机关原有的监督地位。受列宁法律监督和国家干预思想的影响，前苏联民事诉讼具有明显的职权主义倾向，当事人之间的纠纷不仅涉及当事人自己的利益，同时也涉及国家利益，检察机关以监督者的身份参与民事诉讼也就顺理成章了。而俄罗斯联邦新民事诉讼法典从根本上改变了原有的职权主义模式，现行的民事诉讼运行机制业已驶出职权主义轨道，转而具有当事人主义倾向。② 当事人主义模式注重保障当事人的程序主体地位，主张程序自身的自恰性和正当性，排斥其他主体对诉讼程序的干预和监督。检察机关的活动受到限制也是当事人主义的必然延伸。其次，实践中的迫切需要是检察机关参与民事诉讼的现实基础。众所周知，俄罗斯目前处于社会转型期，违法乱纪，侵犯国家和社会利益的现象时有发生，这就需要某一机关来积极维护国家和社会的利益。检察机关是再合适不过的机关了。例如，1999 年检

---

① A. Францифоров, "Прокурор в делах особого производства гражданского процесса", *Законность*, 2006, N6.

② 有关俄罗斯联邦民事诉讼模式转变的论述详见李昕：《俄罗斯新民事诉讼法评析》，载《求是学刊》2006 年第 6 期。

察机关提起民事诉讼 231 877 件，涉案总值 2 326 880 000 卢布，经法院审查，检察机关所提起的诉讼中有 97.7% 的请求是正当的。而且，检察机关还可以在公民无力提起诉讼维护自身权益时，为其提供帮助。保护社会弱势阶层成员的个人权利本身就是俄罗斯人权保障领域内所要解决的问题。① 最后，法院独立的不断加强加快了检察机关监督功能的蜕化。始于 1991 年的俄罗斯联邦司法改革的主要目标之一就是切实保障司法权的独立。为了实现这一目标，俄罗斯颁布了一系列维护法院和法官独立的法律，并采取了相应的制度措施保证它们的实现。② 法官独立则要求法官不受任何干扰公正地作出判决，检察机关监督审判活动自然也不是法官所希望的。

（三）本书观点

20 世纪的最后 20 年，中国的检察制度经历了一系列的变革过程，实现了检察制度的现代化。③ 中国检察制度在进入前所未有的新时代的同时，传统检察制度的监督理念也受到了前所未有的冲击。“我国民事检察监督制度，其在实践运行中之所以遇到各种冲突或摩擦，根本的原因还在于社会发展的需要业已超前于传统检察制度所内涵的理念和机制。”④ 一方面，我国宪法虽经多次修改，但是我国的宪政结构以及检察机关的职能并没有发生

① Г химичева，“Не ограничивать права прокурора в гражданском процесс ”，*Законность*，2000，N8.

② 详见黄永鹏、蔡善强：《扩大法院权限　保证司法独立——略论俄罗斯司法改革实践》，载《当代法学》2002 年第 4 期。

③ 孙谦：《检察：理念、制度与改革》，法律出版社 2004 年版，第 36 页。

④ 汤维建：《论民事检察监督制度的现代化改造》，载《法学家》2006 年第 4 期。

本质变化。因此，有理由认为宪法所确立的检察机关的法律监督地位是不能动摇的。而另一方面，社会转型又使得民事检察制度原有的监督理念越来越受到质疑和诟病。如何解决这一矛盾和冲突呢？梅因认为，法律与社会相协调的手段之一就是法律拟制。所谓的法律拟制"是要用以表示掩盖或目的在掩盖一条法律规定已经发生变化这事实的任何假定，其实法律的文字没有被改变，但其运用则已经发生了变化。法律拟制能满足并不十分缺乏的改进的愿望，而同时又可以不触犯当时始终存在的、对于变革的迷信般的嫌恶。在社会进步到一定阶段时，它们是克服法律严格性最有价值的权宜办法"①。以法律拟制为理论出发点，对检察机关的监督作出顺应时代发展的阐释不失为一种思路。俄罗斯民事检察制度对此作了初步的尝试，为检察机关同为监督机关的我国提供了范例。

首先，检察机关从监督者的角色转变为参与者角色，实现监督的内化。这并不是否定检察机关的监督者地位，而是说这种监督不再是传统意义上的自上而下的监督，检察机关不再是"法官之上的法官"，而是与法院平等的诉讼参加者。检察机关"基于公权力或者公益从一个特殊的角度发表对于诉讼程序以及纠纷实体的观点和看法"②，而且，检察机关的观点和看法仅仅是一家之言，不再是具有压迫性的主张，最终采纳与否由法院来决定。此外，检察机关作为参与者参与诉讼，其参与本身就是对诉讼的监督。更为重要的是，检察机关的参与性监督意味着检察机关也要遵守程序参与者所应当遵守的程序规则。检察机关不再存

---

① ［英］梅因：《古代法》，沈景一译，商务印书馆1959年版，第16页。

② 汤维建：《论民事检察监督制度的现代化改造》，载《法学家》2006年第4期。

在于程序之外，而是程序中的成员，检察机关的监督也不再是程序外的监督，而是内化为程序内的监督。

其次，检察机关的监督从侧重实体监督走向注重程序监督，实现监督的柔化。现代社会中程序正义被赋予了重要的意义。人类认识能力的有限性，使得什么是实体正义并不总是明明白白的，它是一个无法准确把握的动态概念，而“程序本身产生的正当性还具有超越个人意志和具体案件处理，在制度层次上得到结构化、一般化的性质”①。程序的结果通过程序得以正当化，即所谓程序正当化机制。故而，检察机关参与性监督主要体现在对程序的正当性和合法性的监督。也就是说，检察机关改变以往对审判者思维进行内在监督的方式，转而对外在的诉讼程序进行监督，改变过去对案件实体结果的追求，将监督的重点转移至案件审理的程序，排除干扰审判独立和司法公正的外在因素。

最后，检察机关参与性监督以保障当事人的诉权和法院的审判权得到有效的实施为目标。一方面，检察机关参与民事诉讼以保障诉讼程序参与者能够平等、充分地行使诉权为目标。检察机关利用自身的法律资源协助诉讼中处于弱势的一方，确保诉讼得以在真正平等的基础上展开。“检察机关参与民事诉讼，其着眼点不能确定于对当事人滥用诉权等活动实施监督，而应当相反，应当以确保其行使诉权、从而有效实施诉讼对抗为己任。”② 检察机关可以在公民因健康、年龄以及其他正当理由无法亲自行使诉权时，代为行使。另一方面，检察机关参与性的监督并不是为了干预法院的审判权，恰恰相反，检察机关参与民事诉讼是为法

① ［日］谷口安平：《程序的正义与诉讼》（增补本），王亚新、刘荣军译，中国政法大学出版社 2002 年版，第 10 页。

② 汤维建：《论民事检察监督制度的现代化改造》，载《法学家》2006 年第 4 期。

院审判权的行使排除不利因素，促进审判的公正。①

二、民事诉讼中的检察机关与法院

中俄两国的宪法都明确规定法院独立行使审判权，审判权的独立行使必然要求排除其他不当的干预。检察机关作为国家的法律监督机关参与民事诉讼，必然会对法院的审判活动产生一定的影响，如何协调民事诉讼中两种公权力之间的关系成为重构民事检察制度结构的首要问题。

（一）审判独立的相对性

审判独立是现代国家的主要标志之一，也是法治国家重要的司法原则。它经历了从政治思想原则到宪法原则，再到司法审判活动准则的演变过程。② 孟德斯鸠在《论法的精神》一书中精辟地论述了司法独立的必要性以及重要意义。“如果司法权不与立法权和行政权分立，自由也就不存在了。如果司法权与立法权合二为一，则将对公民的生命和自由施行专断的权力，因为法官就是立法者。如果司法权同行政权合二为一，法官便将握有压迫者的力量。”③ 但孟德斯鸠同时也指出，“一切有权力的人都容易滥用权力，这是万古不易的一条经验。有权力的人们使用权力一直

---

① Габеев Р. В, “Участие прокурора в гражданском процессе”, *Бюллетень ВИУ*, 2006, N17.

② 黄松有：《检察监督与审判独立》，载《法学研究》2000 年第 4 期；黄松有：《对现行民事检察监督制度的法理思考》；方如初：《民事抗诉权质疑和民事检察官工作的基本思路》，载《法治论丛》1996 年第 2 期；景汉朝：《审判方式改革实论》，人民法院出版社 1997 年版。

③ ［法］孟德斯鸠：《论法的精神》（上册），张雁深译，商务印书馆 1982 年版，第 156 页。

到遇有界限的地方才休止"①，如同任何权力一样，审判权也具有腐化和变异的倾向，"任何一个失去了外部评论和监督的国家机关都将会导致腐化、堕落，侵害国家、社会的利益，法院也不例外"②。因此其应受到必要的限制，这也是审判独立自身应有的内容。对审判活动进行监督在某种意义上就是对审判独立的限制。"实际上，一个国家实行怎样的审判独立，赋予审判权的行使者——法官在多大程度上独立行使审判权的权限，绝不是随意凭空撰造的，而是要充分考虑本国的国家权力结构、法制传统、法官队伍状况及司法的社会基础等方面的因素，在此基础上对审判独立的程度加以确定。"③ 这就是说，审判独立具有相对性，但是这并不会毁损它的权威性和独立性。

（二）检察监督与审判独立

纵观国内学界，对检察监督与审判独立之间的关系主要有以下三种不同观点：

第一，检察监督与审判独立之间并不存在冲突。学者认为，检察机关并不会影响法院的审判独立，审判权和检察监督是对立统一的。国家检察监督权力对审判权力保障和制约的根本依据和目的同审判独立的根本依据和目的是重合的，同样是基于保护人权和同样是为了保障司法公正的实现。正是这种基本根据和目的

---

① ［法］孟德斯鸠：《论法的精神》（上册），张雁深译，商务印书馆1982年版，第154页。

② С. Г. Буянский, "Прокуратура и судебная власть: Статус и соотношение компетенции", *Российский судья*, 2005, N5.

③ 王学诚：《民事检察制度研究》，西南政法大学博士学位论文，2003年6月，第99页。

的共同构成了审判权和检察监督对立统一的基础。[①] 也有学者认为，监督与独立是促进与被促进，而不是相互冲突的关系。司法独立为司法公正提供了前提条件，但司法公正的实现还需要其他一些条件的配合，为了防止司法权的滥用和司法专横，需要一套完备的制约机制，需要在内外部进行强有力的法律监督，能够及时纠正可能出现的各种偏差。[②] 也有学者认为对审判权的监督，与权力机关、法律监督机关对审判的干预完全是两回事。[③]

第二，检察监督与审判独立之间存在有限的冲突。学者以司法独立相对论为出发点认为，虽然检察机关参与民事诉讼或多或少地会影响法院的独立审判，但是对民事检察制度对法院独立审判的影响应当予以客观的分析、恰当的评估。一方面，当前我国存在的大量审判不独立的现象，法院机构设置、级层管理、组织人事和经费财政上的不独立，受到政党的、行政的诸多因素的制约。另一方面，检察机关的监督是公开地按照正当程序进行的，也是极其有限的，不能将法院难以独立审判引发的诸多不良后果过多强加给检察监督。检察机关对审判独立的影响可以通过程序设计减少到最低限度。[④]

第三，检察监督与审判独立之间存在冲突。有学者认为，审判权作为审理和裁决诉讼案件的国家权力，其行使不应受到任何

---

① 蔡彦敏：《论民事诉讼中检察监督的若干问题》，陈光中主编：《依法治国 司法公正——诉讼法理论与实践》（1999 年卷），上海社会科学出版社 2000 年版，第 482 页。

② 方立新：《司法独立原则评析》，信春鹰主编：《依法治国与司法改革》，中国法制出版社 1999 年版，第 147—148 页。

③ 杨立新：《民事行政诉讼检察监督与司法公正》，载《法学研究》2000 年第 4 期。

④ 高晓莹、杨明刚：《从制度价值层面审视民事检察制度的发展和完善》，载《法学家》2006 年第 4 期。

外在权力的任何干涉，一旦审判独立受到影响或威胁，其结果必然是损害社会正义和司法公正，就将影响这种权力的终局性和权威性。因此，审判独立必然要求排除任何权力、任何机关的干预和影响。检察院对法院的民事审判活动实施法律监督，其实质就是以检察权（或监督权）对法院的审判权进行干预，目的是通过这种干预影响法院的裁判（要求法院撤销其原判，重新改判）。如果审判权在运作过程中，即在国家权力分工的范围之内行使其应有的权力，仍然受到某种外在权力的制约和监督，无疑是对法院独立行使审判权的不当干预。①

（三）检察机关和法院间的相互保障和制约

前文已论述了检察机关的参与性监督并不妨碍法院审判权的独立行使，恰恰相反，检察机关参与民事诉讼的目的不是干预而是保障审判独立，检察机关参与民事诉讼也不得违反、侵犯法院的独立审判。同时，法院独立行使审判权也并非没有任何限制。两者之间是相互保障和制约的关系，具体而言：

第一，审判独立的核心内涵就是审理案件的法官能够独立自主的决定案件的处理结果。当审判活动受到不正当的干预或压力时，审判独立原则就成为法院抵御这些不当干预的重要武器，从而保证司法公正的实现。检察机关作为民事诉讼的参与者，同样要在诉讼过程中维护法院的最高权威，听从法官的指挥，执行法官作出的裁决等。更为重要一点是，检察机关无权干涉法院如何审理案件，无法参加诸如证据的采信、事实的认定以及法律的适

---

① 详见黄松有：《检察监督与审判独立》，载《法学研究》2000年第4期；黄松有：《对现行民事检察监督制度的法理思考》；方如初：《民事抗诉权质疑和民事检察官工作的基本思路》，载《法治论丛》1996年第2期；景汉朝：《审判方式改革实论》，人民法院出版社1997年版。

用等案件实体问题的处理。同时，检察机关并不具有行政职能，它无权也不应当采取措施清除违法行为，而应是在它的权能范围内向有权采取措施的机关，如向法院提出清除违法行为的请求。① 从这个意义上看，审判机关为检察机关实现自身的法律保护功能提供了保证，检察机关尊重和维护审判独立，实质上也是在维护自身。

第二，检察机关对法院的监督，在一定程度上可以起到补强审判权的效果，通过这种程序化、制度化的监督，可以共同抵御或削弱外在的非程序性的干预，维护法律的准确统一适用。也就是说，检察机关和法院在某种程度上成为同盟者。虽然法院和检察机关肩负不同的功能，法院根据利害关系人的申请，通过公开的程序审理和解决当事人之间的争议。而检察机关通过清除违法事实和行为完成法律监督功能，但是，应当看到两者的目的都在于保证法制的统一，并通过直接或是间接的方式巩固法制。促进法律保护机制能够准确并富有效率地得以实现。②

第三，检察机关参与民事诉讼有助于诉讼公正的实现。“审判独立本身不是目的，而是实现诉讼公正的手段，公正性是比审判独立性处于更高层次的价值，对于诉讼而言，如果说公正性是绝对的要求，那么审判独立性则并非绝对。”③ 任何权力都有被滥用的危险，司法腐败已是一个不争的论断。对作为国家公权力的审判权进行必要的监督和制约，不仅符合现代社会的基本控权

---

① С. Г. Буянский, “Прокуратура и судебная власть: Статус и соотношение компетенции”, *Российский судья*, 2005, N5.

② Д. А. Кунаева, “Статус прокуратуры и ее место в системе государственных органов”, *Юрист*, 2005, N9.

③ 陈桂明:《诉讼公正与程序保障》, 中国法制出版社 1996 年版, 第21页。

模式：权力制约权力，而且也为诉讼中相对处于弱小的当事人诉权提供保证，平衡诉讼结构。归根结底，民事检察制度的目的就在于保证司法公正，防止司法人员枉法裁判，防止审判权自身发生变异和腐化。当审判偏离公正时，检察机关就是司法公正的维护者，纠正审判中的瑕疵，矫正违法裁判。

借鉴俄罗斯的立法经验，笔者认为，在具体程序的设计上，至少应当明确以下几点：

第一，法律应当明确规定检察机关参与民事诉讼也应当遵守审判独立原则。并制定相应的惩罚措施以应对检察机关侵犯审判独立的事件的可能出现。诉讼由法官主持，进入诉讼的检察人员应当服从法官的命令，遵守诉讼法的有关规定，以自己的行为和态度来表示对审判机关的尊重。

第二，法律应当明确规定，检察机关监督的事项仅限于程序性事项。检察机关可以启动诉讼程序，可以就案件的处理结果发表意见，但是无权作出决定撤销或是变更法院作出的判决。亦不能越俎代庖充当审判者，强制法院接受其提出的意见。当检察机关越过法律的界限时，法院应当采取措施予以制止。

第三，法律应当明确规定检察机关参与诉讼的范围和方式，避免随意性。这样规定的目的是防止检察机关以各种理由为借口干预审判独立。同时也可以避免法院和检察机关再就这类问题的争执。当事人也可以根据法律的规定选择自己的行为。

三、民事诉讼中的检察机关与当事人

民事诉讼中除法院之外，另一个重要的主体是当事人。如果说审判独立是检察机关参与民事诉讼的障碍之一的话，那么当事人意思自治是检察机关参与民事诉讼的另一障碍。民事纠纷的性质意味着解决民事纠纷的民事诉讼也要体现意思自治的精神，今日世界，当事人主义诉讼模式的盛行鲜活地体现了这一点。在当事人主义模式下，处分主义和辩论主义大行其道。依据处分主义，当事人是否行使诉权以及如何行使诉权完全由当事人自行决定。公权力对此应当予以充分的尊重，一般不能干涉当事人自由行使诉权。

（一）诉权与检察权

一般认为，诉权是指当事人在其实体权利义务关系发生争议或是处于非正常状态时，请求法院予以解决的权利。① 可见，诉权是纠纷当事人享有的一项私权，如何行使完全取决于当事人的意志。一般情况下，公权力是不能介入的。而检察机关参与民事诉讼，尤其是检察机关提起民事诉讼时，就有可能构成对当事人诉权的侵犯。

1. 检察机关参与民事诉讼以保障当事人诉权为目的

前文已述，检察机关参与民事诉讼以利益保障为根本目的，如何在诉讼中保障当事人诉权得到有效的实现是检察机关参与民事诉讼的主要落脚点。换句话说，检察机关参与民事诉讼不会构成对当事人诉权的侵犯，而是相反，检察机关参与民事诉讼以保障当事人诉权的有效实现为目的。

（1）在司法实践中，存在当事人因文化素质、法律意识、诉讼行为能力及物质条件等因素的影响，不能有效行使诉权的现象。这为检察机关参与民事诉讼提供了现实可能性。①无人行使诉权。当事人恶意串通，弄虚作假，以损害国家、集体利益和其他公民利益为代价进行不法交易，这种非法民事活动，由于当事

① 江伟主编：《民事诉讼法原理》，中国人民大学出版社 1999 年版，第 240 页；李龙：《民事诉权论纲》，载《现代法学》2003 年第 2 期。

人有意规避法律而极易形成无人行使诉权的局面。②无法行使诉权。诉权无法行使的原因有很多，一方面可能是由于受害方在体力、智力、能力等方面的原因，致使无法行使诉权以维护自己的合法权益。另一方面也可能是由于加害方不明确而无法行使诉权。③不知如何行使诉权。如公民法律意识比较淡薄，法律知识缺乏，不懂得用诉讼手段来维护自己的合法权益。④不愿行使诉权，行为侵害的是多数人的利益，但是具体到某一受害人来说，由于数额较小而不愿行使诉权。⑤诉权无法得到正当的行使。如由于法官徇私枉法，阻碍诉讼当事人正当行使自己的诉讼权利，致使诉讼当事人的实体权利无法得到救济等。① 《俄罗斯联邦民事诉讼法典》即通过立法的形式，确立了检察机关诉权有效行使的保障。该法第 45 条第 1 款就规定当公民因健康、年龄、无行为能力或正当理由无法亲自主张权利时检察机关可以为之提起诉讼。立法者通过检察机关保障当事人诉权行使的意图昭然若揭。而我国民事诉讼法对此却只字未提。

（2）诉权与实体权利主体相分离为检察机关介入民事诉讼提供了理论支持。检察机关不是民事争议主体，也不是受害的一方，它与民事实体权益无直接利害关系。其介入民事诉讼的理论依据何在呢？笔者认为，诉讼担当理论可以解释这一问题。

诉讼担当是诉权与实体权利主体相分离的典型形式。我国台湾学者王甲乙认为，诉讼担当是实体法上的权利主体（或法律关系主体）以外的第三人，以自己的名义，为了他人的利益或代表他人的利益，以正当当事人的地位提起诉讼，主张一项他人

① 潘度文：《中国民事诉讼中检察机关角色研究》，中国政法大学博士论文，2005 年，第 14 页、第 79 页；王桂五主编：《中华人民共和国检察制度研究》，法律出版社 1991 年版，第 402—403 页；常怡：《新中国民事诉讼法学研究综述（1949—1989）》，长春出版社 1991 年版，第 93 页。

享有的权利或诉求解决他人间法律关系所生之争议。法院判决的效力及于原来的权利主体。原来不是民事权利主体或法律关系主体的第三人是诉讼担当人，原来的权利主体则是被担当人。① 诉讼担当有两类，一类是法定的诉讼担当，一类是任意的诉讼担当。法定诉讼担当是基于实体法或诉讼法上的规定，第三人对他人的权利可以自己的名义进行诉讼。② 检察机关不是民事争议主体，也不是受害的一方，它与民事实体权益无直接利害关系。因此，检察机关介入民事诉讼的情形是由法律明确授权才可。故而，检察机关介入民事诉讼应属于法定诉讼担当。检察机关因为法定诉讼担当而享有诉讼实施权，成为正当的当事人，在诉讼中享有一系列类似于原告的权利和义务。但是检察机关毕竟与实体权利无利害关系，它更多的是程序意义上的当事人。所以，触及案件实体问题的决定权还是在检察机关为了其利益而提起诉讼的争议主体的手中。例如，检察机关不能签订和解协议，如果检察机关放弃已经提出的维护他人合法利益的请求，而该人不声明放弃的，案件的实体审理应当继续。《俄罗斯联邦民事诉讼法典》第 45 条第 2 款对此问题作出了类似的规定。

2. 诉权对检察机关介入民事诉讼的限制

现代民事诉讼以处分原则为基本原则，诉讼程序的开始和审理对象的内容以及诉讼标的的变更和诉讼的终止，都以当事人的意愿为基础。因而对检察机关的介入必须进行适当的限制。一般而言，公权力介入民事诉讼的方式有两种：一是依职权主动进入

---

① 参见王甲乙：《当事人适格之扩张与界限》，载《法学丛刊》1995 年第 1 期，第 128 页以下。转引自肖建华：《诉权与实体权利主体相分离的类型化分析》，载《法学评论》2002 年第 1 期。

② 肖建华：《民事诉讼当事人研究》，中国政法大学出版社 2002 年版，第 134 页。

诉讼，二是依当事人的申请进入诉讼。诉权对检察机关参与民事诉讼的限制即以此展开。

（1）检察机关主动介入民事诉讼的情形只限于国家和社会利益受到损害的情形。民事诉讼奉行当事人意思自治是众所周知的事实，但是，当事人处分权的行使并不是不受限制和约束的，其必须以不超出法律规定的范围为限。如果当事人行使处分权损害了国家利益、社会公共利益，国家应当进行干预。针对当事人双方恶意串通致使国有资产流失的案件、破坏自然资源等情形，如果检察机关不主动介入诉讼，国家和社会的利益必将受到损害。

（2）立法应当明确规定当事人申请检察机关介入民事诉讼的情形。在检察机关应当事人的申请而介入诉讼时，虽然不存在检察机关侵犯诉权的可能，但却有当事人滥用这一权利的可能。为此，有必要以立法的形式规定当事人可申请检察机关介入民事诉讼的情形，防止当事人滥用这一权利。在具体制度的设计上可以考虑以下三点：①在特定类型的诉讼，如人事诉讼中，当事人可以申请要求检察机关列席案件的审理。[①] ②当事人因年龄、财力、智力的原因以及其他正当理由无法亲自向法院主张权利时，可以申请检察机关代为提起诉讼。③检察机关提起抗诉时，应当尊重当事人的意愿，征得其同意，否则强行提起抗诉，有可能侵犯当事人的诉权。

（二）检察机关介入民事诉讼与当事人平等原则

民事诉讼的理想状态是当事人双方在居中法官的主持下，运

---

① 检察机关参与人事诉讼在德、日、俄罗斯等国的民事诉讼法中均有规定。

用各自诉讼武器，攻击防御平等对抗。据此，有学者认为，检察机关通过抗诉后介入民事诉讼后，当事人之间平等的诉讼地位将被打破，检察机关自觉不自觉地成为一方当事人的“公请”律师。“原告—被告”的当事人结构演变成“原告（或被告）—被告（或原告）+检察机关”结构。从理论上说，检察机关对于当事人之间的民事权益之争是没有自己的利益的，但在具体的诉讼程序中，诉权的背后必然隐藏着一定的权利内容，我们可以说抗诉的目的是纠正错误的判决，实现司法公正，但在每一个具体的案件中，抗诉的提起都代表着某一方当事人的利益。实践中，几乎所有的抗诉案件都因一方当事人的申诉而提起即有力地说明了这一点。[①] 从检察机关介入民事诉讼的结果上看确实是如此，但是深入分析后，发现事实并非如此。

1. 当事人平等并不意味着当事人在诉讼结果上的平等

通常认为，当事人平等原则的基本内容包括：(1) 法官与当事人双方保持同等的诉讼距离，对当事人予以平等的对待。(2) 当事人的诉讼地位平等，享有平等的诉讼权利，承担同等的诉讼义务。(3) 法官平等地保护当事人诉讼权利的行使，使当事人双方享有同等的诉讼机会。平等原则是程序性的权利平等，而非实质性的权利平等。[②] 也就是说，当事人平等并不意味着诉讼结果的平等。诉讼是解决纠纷的机制，在结果上必然会出现于一方当事人有利，而另一方当事人不利的情形。换句话说，诉讼的结果有利于一方当事人而不利于另一方当事人是诉讼本性使然，并非因检察机关的参与而生。

---

① 陆永棣：《程序冲突映照下的制度困境——现行民事抗诉制度考察》，载《中外法学》2003 年第 3 期。

② 常怡主编：《比较民事诉讼法》，中国政法大学出版社 2002 年版，第 102 页。

2. 抗诉结果有利于一方当事人只是检察机关提出抗诉的客观效果，而非其主观意图

检察机关提出抗诉针对的是法院的生效判决，而非另一方当事人。其抗诉的目的是维护司法公正，保障法律的统一适用，而不是支持和帮助一方当事人。从检察机关参与诉讼的结果来推导它参与诉讼的动机是本末倒置。

3. 抗诉启动前，检察机关为申诉的对方当事人提供了程序保障

1999年5月，最高人民检察院颁布了《人民检察院办理民事行政抗诉案件公开审查程序试行规则》，该规则第5条规定：民事行政申诉案件立案后，应当将申诉人的申诉书副本送达对方当事人，对方当事人收到申诉书副本后，可在15日内向人民检察院提出申诉反驳意见。第17条规定：人民检察院听取当事人陈述，应当就立案审查的人民法院已经发生法律效力的判决、裁定是否正确，听取当事人以及案件有关的人对事实认定、法律适用和审判程序的意见。这些程序性规定，一方面在抗诉之前的审查程序中为双方当事人提供平等表达意见的机会，同时，也通过这种类似于对审的结构，过滤一部分不必要的案件。

第三章　民事检察制度之程序启动机制

民事检察制度中的程序启动机制在维护国家利益和社会公共利益方面发挥着巨大的作用。事实上，检察机关针对特定的民事案件提起诉讼是现在大多数国家从立法上赋予检察机关的一项权能，随着我国市场经济体制的建立和社会主义法制建设的发展，公共利益得不到有效保护的问题日益凸显，有关公益诉讼的问题时常见诸报端。立法规定的缺失，致使我国检察机关无权对特定的民事案件提起诉讼，迫于实践的要求，有些地区的检察机关和人民法院已在试行这一制度。但对于检察机关提起民事诉讼的范围、方式、检察机关的法律地位以及相关的程序性问题等问题由于立法上缺乏统一的规定，各地法院和检察机关各行其是，差异很大。基于此，本部分对民事检察制度之程序启动机制作一简要论述。

第一节　民事检察制度程序启动之范围

探讨民事检察制度程序启动机制的范围，目的在于廓清检察机关提起民事诉讼的案件类型，即针对哪些案件检察机关可以提起诉讼。检察机关主动提起民事诉讼历来都是俄罗斯检察机关参与民事诉讼的方式之一，无论是1923年的《民事诉讼法典》

（第2条），还是1964年的《民事诉讼法典》（第41条）都明确规定：如果检察长认为有必要保护国家或社会利益，或者保护公民权利以及合法利益时，他有权提起诉讼。新近生效的《俄联邦新民事诉讼法典》保留了这一传统，该法第45条明确规定：检察长有权请求法院维护公民、不确定范围的人的权利、自由和合法利益或者维护俄罗斯联邦、俄罗斯联邦各主体、地方自治组织的利益。维护公民权利、自由和合法利益的请求仅在公民因健康状况、年龄、无行为能力和其他正当原因不能亲自向法院提出请求时才能由检察长提出。

一、俄罗斯民事检察制度程序启动之范围

（一）前苏联时期民事检察制度程序启动之范围

整体而言，在前苏联时期，检察机关提起民事诉讼是没有案件范围限制的，也就是说，它可以对任何民事案件提起诉讼。“在苏维埃社会主义民事诉讼中，检察长参加诉讼的情形是很多的。检察长可以参加的案件，范围是没有限制的。”① 前苏联最高法院在它的指导性指示中经常指出，在审理民事案件时，一般地应该使检察机关更多地参加诉讼。虽然立法授予检察机关对任何民事案件都可提起诉讼的权利，法院对检察机关参与民事诉讼也表示出极大的热情，但是这并不意味着检察机关要参加每一件民事案件，检察机关应当从全部民事案件中选重要的、具有社会意义和政治意义的诉讼。

---

① ［前苏联］克列曼：《苏维埃民事诉讼》，译者不详，法律出版社1957年版，第170页。

1. 1923—1964 年①

1923 年《苏俄民事诉讼法典》第 2 条直接规定检察机关可主动提起有关子女抚养费的案件，但从该法的立法意图来看，检察机关应当“参加关于损害国家利益的案件，参加有特别重要的和原则意义的案件，以及参加一方当事人需要法院和检察机关保护的案件”。② 在 1940 年全苏各共和国和省检察院民事审判监督处处长会议上拟定了检察机关必须提起诉讼的七类案件的名称，前苏联总检察长在 1940 年 12 月 2 日第 240/8 号《关于检察机关在民事案件中的工作》的指示信中，列举了这七类案件：③

（1）关于根据诉讼请求追索款额的案件。这种诉讼请求是国家或合作社组织特别是集体农庄中发生侵用和亏空公款案件而提出的。（2）关于为集体农庄追索债务人欠款的案件。（3）关于集体农民不纳税或不履行国家供售义务而强制征收其财产的案件。（4）关于根据返还请求对非法解雇员工应负责的人追索损失赔偿的案件。（5）关于向造成企业物质损失的工作人员追索赔偿的案件。（6）关于要求那些破坏住宅、以住宅投机或恶意不履行租赁宅地义务以及不付房租的人迁出国家房屋的案件。（7）关于向父母强行索取子女送交教养的案件，以及在妇女不能适当的保护自己子女权利时确认父子关系的案件。

根据 1950 年 6 月 1 日前苏联总检察长第 106 号命令，在民

---

① 此处笔者之所以以 1923 年和 1964 年为时间点，主要是因为这是前苏联第一部民事诉讼法典实施阶段。

② 《苏联检察院命令汇编》（1939 年俄文版），第 196—199 页。转引自［前苏联］B. H. B 别里鸠根、Д. B. 什维采尔：《民事诉讼中的检察长》，王更生、卢佑先译，中国人民大学出版社 1957 年版，第 15 页。

③ ［前苏联］B. H. B 别里鸠根、Д. B. 什维采尔：《民事诉讼中的检察长》，王更生、卢佑先译，中国人民大学出版社 1957 年版，第 16 页。

事诉讼中，检察机关必须参加下列案件：①

（1）由于社会主义财产被窃和委托保管的财产短缺以致国家和合作社组织受到损失时，国家和合作社组织请求赔偿损失的案件。（2）有关请求从担保、没收或赔偿国家与合作社所受损害的查封目录中剔除某项财产的案件。（3）涉及集体农庄利益的案件。（4）关于请求公民迁出住宅的案件。（5）关于使工人和职员恢复工作的案件。（6）关于赔偿人身损害的案件。即，在牵涉到与实行社会主义经济原则有关的国家制度的利益时，如保护社会主义公有财产而必要时，以及有侵犯个别公民权利的情形时，检察机关必须提起诉讼。

2. 1964—1991 年

与 1923 年《苏俄民事诉讼法典》相比，1964 年苏俄民事诉讼法典扩大了检察机关可参加的民事案件的范围。依据该法的规定，检察机关必须参加下列案件：有关控告选民名单错误的案件（《民事诉讼法典》第 234 条）、认定公民失踪或者宣告失踪人死亡的案件（《民事诉讼法典》第 255 条）、认定公民行为能力受限制或无行为能力的案件（《民事诉讼法典》第 261 条）、关于剥夺亲权的案件（《苏俄婚姻家庭法》第 59 条）。此外，有关赔偿因为盗窃国家社会主义财产而遭受物质损失的案件、关于取消为保证充分赔偿物质损失而查封的财产的查封项目、关于集体农庄的一些重要的民事案件以及强制公民搬走或恢复职工工作的案件。②

1979 年《苏联检察院组织法》颁布实施后，检察机关为了

① ［前苏联］克列曼：《苏维埃民事诉讼》，译者不详，法律出版社 1957 年版，第 106 页。

② ［前苏联］A. A. 多勃洛沃里斯基主编：《苏维埃民事诉讼》，李衍译，常怡校，法律出版社 1985 年版，78 页。

保护被侵犯或有争议的权利或受法律保护的利益，可以提出以下诉讼：保护社会主义财产不受任何侵犯的诉讼、赔偿盗窃国家财产和公共财产所造成的损害的诉讼、赔偿挥霍浪费所造成的损害的诉讼、赔偿违反国家纪律的行为和其他违法行为所造成的损害的诉讼。①

3. 小结

（1）前苏联是检察机关提起民事诉讼的范围没有任何限制的国家的典型代表。就其理论基础而言，与列宁否认公法私法的划分，主张国家对私法领域进行全面干预的理论存在直接的联系。前苏联学者在论述检察机关提起民事诉讼的权利时就指出了列宁国家干预思想对民事诉讼中检察机关的影响力："弗·伊·列宁曾经要求在诉讼程序中必须保证国家能够积极地干预民事法律纠纷的解决，必须是使法院能够发挥必要的积极性和主动性，而不是局限于当事人所提出的材料。在民事诉讼中必须赋予检察长这样的权利，使他有可能实现法律委托给他的任务。苏联检察长参加民事诉讼所根据的原则就是以弗·伊·列宁的这些指示为基础的。"② 受这种国家全面干预思想的影响，检察机关在民事诉讼领域中可就任何类型的案件提起诉讼，也就成为了民事诉讼立法必然、必须的选择。检察机关提起民事诉讼的权利同国家干预原则之间这种内在的联系，使得检察机关提起民事诉讼的范围成为衡量国家对民事诉讼领域干预程度的标尺之一。前苏联检察机关提起民事诉讼范围的无限制性就表明了前苏联实行的是国家

① ［前苏联］B. N. 巴斯科夫、A. C. 巴浦洛夫、H. A. 谢利瓦诺夫、C. A. 希什科夫：《苏联检察院组织法诠释》，刘家辉、梁启明、盛杰译，中国检察出版社1990年版，第171页。

② ［前苏联］克列曼：《苏维埃民事诉讼》，译者不详，法律出版社1957年版，第164—165页。

全面干预的原则。

（2）从立法的角度来看，前苏联民事诉讼法典一般只是对检察机关提起民事诉讼的范围作出原则性规定，赋予检察机关在确有必要维护国家利益、社会利益以及公民利益时，可以提起诉讼的权利。但是可提起诉讼的案件类型、范围则是由检察机关根据实践情况自行决定。比如：1940 年 12 月 2 日第 240/8 号《关于检察机关在民事案件中的工作》的指示信、1950 年 6 月 1 日前苏联总检察长第 106 号命令等就对检察机关必须提起诉讼的案件作了列举。这表明，虽然立法上没有限制检察机关提起民事诉讼的范围，但是在司法实践中检察机关并不是对所有的民事案件都提起诉讼，其还是有一个相对比较明确的范围。前苏联总检察长通过指示和命令的形式划定检察机关必须提起诉讼的案件的范围。虽然前苏联标榜为最大限度的维护国家、社会和公民的利益而不限制检察机关提起民事诉讼的范围，但在具体的司法运作中，检察机关还是以案件是否具有社会意义或者涉及国家和公民的重要利益为标准，来决定是否提起诉讼。从这个意义上看，检察机关的指示和命令只不过是实践经验的总结和升华。

（3）仔细分析检察机关必须提起诉讼的案件类型可以发现其具有这样两个特点：第一，检察机关可提起民事诉讼的案件大都是涉及侵犯国家和集体财产的案件；第二，赔偿诉讼占了很大的比重。

（二）俄罗斯联邦民主检察制度程序启动之范围

1. 概述

俄联邦新民事诉讼法典第 45 条明确规定：检察长有权请求法院维护公民、不确定范围的人的权利、自由和合法利益或者维护俄罗斯联邦、俄罗斯联邦各主体、地方自治组织的利益。维护公民权利、自由和合法利益的请求仅在公民因健康状况、年龄、无行为能力和其他正当原因不能亲自向法院提出请求时才能由检察长提出。提起请求的检察长享有原告人的全部诉讼权利和承担原告人全部诉讼义务，与1923年和1964年的《民事诉讼法典》相比，俄罗斯新民事诉讼法典在检察长主动提起诉讼方面的变化体现在：第一，在立法术语上，新民事诉讼法典不再使用诸如国家利益、社会利益的字眼，代之以检察长有权请求法院维护公民、不确定范围的人的权利、自由和合法利益或者维护俄罗斯联邦、俄罗斯联邦各主体、地方自治组织的利益。对此有学者认为，立法者在这里将公共利益现在的含义与以前的含义相混淆，将国家利益等同于俄罗斯联邦、联邦主体、政府组织的利益，而社会利益则意味着不确定范围人的利益。而且在实践中，检察长在为了上述主体的利益提出诉讼时，应当证明自己的申请中存在公共利益，并且要指出主体的具体利益是什么。[①] 第二，新民事诉讼法首次以立法的形式确立了检察长可以为了不确定范围的人的利益而提出诉讼的权利。但是对于如何理解“不确定范围的人”的概念尚未形成统一的认识。有学者是这么解释“不确定”的：单词“不确定”在俄语中具有不清楚、不清晰的意思，因此所谓的“不确定范围的人”指的是不能清晰确定，不能个别处理的人的范围。[②] 有学者认为，所谓的“不确定范围的人”应

---

① Ю. В. Тихонова，“К вопрос о процессуальном положение прокурора как участник гражданского процесса”，*юридический аналитический журнал*，2003，N2.

② Ю. В. Сирик，“Практика применения закодательства，рекулиру ющегоУчастие прокурора в гражданском процессе”，*юридический аналитический журнал*，2004，N2.

当这样理解：所要维护其利益的自然人的人数不需要确定。① 俄联邦总检察长认为非合格的产品，对周围环境产生负面影响的行为以及破坏居民电力资源的行为均破坏了不确定范围的人的利益，检察长可以对此提起诉讼。第三，当公民因正当理由不能亲自维护自己权利和利益时检察长可以提出诉讼。与此前民事诉讼法的类似规定相比，俄罗斯新民事诉讼法直接限定了检察长为了公民利益而提起诉讼的原因，即只有当公民因年龄、健康、无行为能力以及其他正当原因无法自己亲自诉讼时，检察长才能提起诉讼。目前适用该规定存在的主要问题是：什么是其他正当理由以及健康状况达到何种程度时才能认为公民不能亲自维护自己的权利。对于其他正当理由学者和实务者普遍认为公民的财产状况可以成为正当理由，当公民的收入低于一般水平时，检察长可应他的请求为之提起诉讼。

2. 维护不确定范围的人的利益

检察机关可以为维护不确定范围的人的利益而提起民事诉讼，可以说是俄罗斯联邦新民事诉讼法典在检察机关提起诉讼方面最为突出的变化。事实上，《民事诉讼法》第45条中有关不确定范围的人的规定并非是空穴来风，而是与其他法律相互配合协调的，是有法律依据的。②

首先，不确定范围的人并不是新的法律关系的主体。俄罗斯联邦民法典明确规定了对不确定范围的人的保护，因此，在这个问题上，民事诉讼法并没有创设新的法律关系主体，其维护不确定范围的人的利益与维护公民的一般利益是同一的。

---

① О. Бухтоярова，“Защита интересов неопределенного круга лиц”，*Законность*，2006，N3.

② О. Бухтоярова，“Защита интересов неопределенного круга лиц”.

其次，依据《俄罗斯联邦检察机关法》第27条第4款和第35条第3款的规定，当受到侵犯的公民的权利和自由或者是这种侵犯行为具有特别的社会意义时，检察机关享有向法院提出诉讼的权利。

最后，《民事诉讼法典》第4条第2款也明确规定：在本法典、其他联邦法律规定的情况下，民事案件可以根据以自己的名义维护他人、不确定范围的人的权利、自由和合法利益或者维护俄罗斯联邦、俄罗斯联邦各主体、地方自治组织的利益的人的申请而提起。

但是令人遗憾的是，新民事诉讼法典并没有对如何界定“不确定范围的人”划定一个标准。立法的这一举动直接影响了实践中有关为不确定范围的人的利益而提起的诉讼。“综合司法实践可以认为，检察长很少为了不确定范围的人的利益而提出诉讼，这与检察长很难确定不确定范围的人的利益是否受到侵害之间存在某种关联。”① 而且，各地的检察机关和法院对于如何认定某一案件中是否存在“不确定范围的人”的利益存有不同的认识。萨马尔州的检察长认为，非合格的产品、对周围环境产生不良影响的行为以及破坏周围居民电力资源的行为都侵犯了不确定范围的人的利益。因此，检察机关有权向法院提出有关制裁产品的销售者、生产者的请求、有关补偿违反法律规定给环境带来的损害的请求、限制或停止违反环境保护立法的行为的请求。② 但是，阿尔泰边疆区的法院就驳回了检察机关提出的上述的请

① Ю. В Сирик，“Практика применения закодательства，рекулирующегоУчастие прокурора в гражданском процессе”.

② Информационное письмо прокуратуры Самарской области об участии прокуроров в гражданском судопроизводство в 2003г. №8－06－36－04 от 19. 02. 04г. С2.

求。他们认为，电力的消费者是可以确定的。① 与之相反，萨马尔地区的法院则满足了检察机关提出的惩罚电力供应者限制或是停止电力供应的不法行为的请求。俄罗斯总检察长对此持何种态度呢？在2004年2月6日的《关于检察机关适用民事诉讼法的各种观点和法律实践的总结》的公开信中，总检察长支持了萨马尔地区检察机关的观点，认为非合格的产品、对周围环境产生不良影响的行为以及破坏周围居民电力资源的行为都侵犯了“不确定范围的人”的利益，检察机关可以对这类案件提出诉讼。

在检察机关为了维护“不确定范围的人”的利益而提起诉讼的实践中，另一引人注目的焦点是有关检察机关提出补正国家机关和地方自治组织超越自身权限或是与联邦法律相矛盾的决定和行为的申请的问题。这一问题之所以引人注目，是因为检察机关并不在《民事诉讼法典》第254条和第255条所列举的有权对此类问题提出申请的主体之列。但是依据《俄罗斯联邦检察机关法》第23条第1款的规定，对违背法律的决定，检察机关可以依据俄罗斯联邦诉讼法程序向法院提出抗议。很显然，新民事诉讼法典否定了检察机关对这类决定提起诉讼的可能，限制了它的权能。萨马尔地区的法院以新民事诉讼法典的规定为理由，拒绝受理该地区检察机关提出的这类申请。② 俄罗斯联邦总检察长则认为，法院的这种做法并没有考虑到《新民事诉讼法典》

① Информационное письмо гнеральной прокуратуры о результатах изучения организационно - правовых и иных аспектов, связанных с применением органами прокуратуры ГПК РФ №8 - 12 - 03 от 6. 02. 04г. С3.

② Информационное письмо прокуратуры Самарской области о результатах обобщения практики обращения прокуроров в суд общей юрисдикции с исками и заявлениями №8 - 06 - 46 - 04 от 15. 10. 03г. С7 - 8.

第45条是检察机关参与民事诉讼的基础性规定，其统辖后面章节的专门规定，这其中也包括第254条和第255条。[①] 换言之，法院不能驳回检察机关就此问题提起的申请。俄罗斯联邦最高法院在这个问题上与俄罗斯总检察长持相同的观点。在2004年第3期的《最高法院公报》中最高法院对这一问题作出了明确、正式的阐释，他们认为，检察机关有权为了维护《民事诉讼法典》第45条所列举的主体的权利、自由，就不规范的法律行为向法院提起诉讼。这表明经过实践的检验后，检察机关和法院针对检察机关是否有权对国家机关的决定和行为提起诉讼的问题，又回归于检察机关法的规定。

俄罗斯学界普遍认为，针对立法和司法实践中有关为“不确定范围的人”的利益而提起诉讼的案件范围的模糊性和混乱性，客观上需要为这类案件划定一个相对明确的识别标准。教授M. Шакарян认为，检察机关为了“不确定范围的人”的利益而提起诉讼的案件仅限于具有公共利益的案件。在这类案件中检察机关并不是当事人，它无权支配实体权利，其中包括签订和解协议。而且对方当事人也不能向检察机关提出反诉。[②] 也有人认为，法律上确立检察机关为了不确定范围的人的利益而提起诉讼，其实质是在维护社会公共利益。[③] 检察机关认为，在为不确定范围的人的利益而提起的诉讼中，所保护的不仅仅是社会公共

① “Обзор законодательства и судебной практики Верховного Суда РФ по гражданским делам за Ⅲ квартал 2003г”, *Бюллетень Верховного Суда*, 2004, N3.

② М. Шакарян, *Гражданское процессуальное право*, Проспект, 2005, pp. 94 – 96.

③ Ю. В. Сирик, “Практика применения закодательства, рекулиру ющегоУчастие прокурора в гражданском процессе”.

利益，还有个人权利的利益。虽然各家观点不一，但有一点是可以肯定的，当检察机关为了维护不确定范围的人的利益而提起诉讼，其中必然有公共利益的存在。

3. 维护公民个人的利益

随着1993年宪法的颁布实施，检察机关在民事诉讼中的角色发生了一定的变化。检察机关为了公民个人的利益而提起诉讼只限于两种情形：第一，公民向检察机关提出申请，要求检察机关为之提起诉讼；第二，公民本人因重病、无任何帮助等正当原因无法亲自提起诉讼。[①]依据《俄罗斯联邦检察机关法》第27条第4款的规定，在违反民事诉讼程序所保护的公民人权和自由的情况下，受害人因身体状况、年龄或其他原因，在法庭上不能为自己的权利和自由进行辩护，检察机关可以向法院提起诉讼，以保护受害人的权益。2003年新民事诉讼法典保留了这一立法传统，在第45条第1款中明确规定，公民因健康状况、年龄、无行为能力和其他正当理由不能亲自向法院提出请求时，检察机关可以维护公民的权利、自由和合法利益而向法院提出请求。

在司法实践中，检察机关为维护公民个人的利益而提起诉讼主要存在如何理解“其他正当理由”的问题。对于何种情况属于正当理由的范围，不同的法院和检察机关的理解各不相同，与此相联系，实践中在某些情况下，检察机关的意见常常被忽视，法官拒绝检察机关的申请就是以他们是不正当的为理由的。事实上，检、法两家争执的主要焦点在于公民个人的物质状况能否成为“其他正当理由”。例如，特瓦共和国最高法院的审判委员会驳回阿夫尤尔地区检察机关提出的有关追索儿童基金款的诉讼请

---

① Жуйков . В. М, *Права человека и власть закона*, Иван, 1995, p. 166.

求。审判委员会认为，依据《民事诉讼法》第45条的意义，公民不能独立维护自己的权利、利益而向法院提出诉讼的原因中排除了公民的物质状况。而检察机关则认为，原告财政困难、有未成年子女要抚养等原因可以视为“其他正当理由”。① 俄罗斯总检察长在2004年《关于楚瓦什共和国检察机关运用法律手段恢复公民受到损害的权利的先进经验》的公开信中指出，如果公民及其家庭的收入不能维持最低的生活水平，那么他没有足够的向法院提出保护自己权利的物质条件。因此，公民的财政状况恶劣属于民事诉讼法中所说的正当理由。此外，在司法实践中，有些地区认为下列理由可以认为是公民不能亲自诉讼的正当理由：抚养未成年子女、家庭成员无劳动能力而且要经常照顾他们、缺乏法律知识、居住地与法院距离遥远等。② 但是，正如笔者在前文中已经指出的，当检察机关为了维护公民个人的利益而提起诉讼时，应当在起诉状中论证公民不能亲自提起诉讼的理由，并要提供相应的证据加以证明。换句话说，是否属于“正当理由”最终决定权属于法官。

4. 维护俄联邦、俄联邦各主体、地方自治组织的利益

依据《俄罗斯联邦民事诉讼法典》第45条第1款规定，检察机关有权请求法院维护俄联邦、俄联邦各主体、地方自治组织的利益。在司法实践中，有关谁是俄联邦、俄联邦各主体、地方自治组织的利益的具体代表问题尚未形成统一的认识，这一问题

① Информационное письмо гнеральной прокуратуры о результатах изучения организационно - правовых и иных аспектов, связанных с применением органами прокуратуры ГПК РФ №8 - 12 - 03 от 6. 02. 04г. С4.

② Ю. В. Сирик, “Практика применения закодательства, рекулирующегоУчастие прокурора в гражданском процессе”.

依然是开放性的。①

在某些地区，例如斯维尔德洛夫斯克州、梁赞州、鄂木斯克州、普斯科夫州、克拉斯诺达尔边疆区的法院认为，俄罗斯联邦、俄罗斯联邦各主体的利益、政府组织的利益与国家企业、机关、国家预算外基金委员会的利益并不相同，而且驳回了检察机关提起的诉讼。梁赞州的法院就曾经拒绝受理检察机关提出的为维护俄罗斯联邦的利益而追索公民非法获得退休金的案件，其理由在于，在此类案件中，退休金委员会是企业法人，为维护自己的利益可以向法院提出诉讼。这种情况也出现在为维护医疗保险委员会而提起的有关追索医疗损害赔偿的案件中。但是，俄罗斯联邦总检察长以及萨马拉州的检察机关则认为，检察机关有权为维护退休金委员会、医疗保险委员会以及其他国家基金委员会的利益而提起诉讼，因为上述机关的财产是国家财产，检察机关在这类案件中是直接保护国家利益的。换句话说，在这类案件中，检察机关的诉讼请求与联邦的利益是相关的，而不是维护法人的利益，他们只是财产在业务上的使用者和管理者，国家才是所有者。②

检察机关为维护俄联邦、俄联邦各主体、地方自治组织的利益而提起诉讼中另一个引人注目的问题是，检察机关能否为了国有企业的利益而提起诉讼。这个问题取决于在向法院提起的诉讼中是否含有公共利益。检察机关为维护俄罗斯联邦、俄联邦各主体、地方自治组织的利益而提起的诉讼得以成立的条件是：在经济、劳动和其他法律关系领域中有具体的破坏国家或是政府组织

① Ю. В. Тихонова, “К вопрос о процессуальном положение прокурора как участник гражданского процесса”.

② Ю. В. Сирик, “Практика применения закодательства, рекулирующегоУчастие прокурора в гражданском процессе”.

利益的行为。[①]

二、我国民事检察制度程序启动之范围

我国现行民事诉讼法并没有赋予检察机关提起民事诉讼的权利，检察机关提起民事诉讼的范围自然也就无从谈起。但是这并没有妨碍理论界和实务界对这一问题的探讨。

（一）立法沿革[②]

事实上，检察机关提起民事诉讼的制度在新中国成立初期就已经建立。1949 年 12 月经中央人民政府主席批准并颁布的《中央人民政府最高人民检察署试行组织条例》第 3 条明确规定："最高人民检察署受中央人民政府委员会之直辖，直接行使并领导下级检察署行使下列职权：……5. 对于全国社会与劳动人民利益有关之民事案件及一切行政诉讼，均得代表国家公益参与之。"该条例在规定最高人民检察署各处"职掌"的第 10 条中规定第三处的职掌是："1. 关于全国社会与劳动人民利益有关之民事案件参与事项；2. 关于全国社会与劳动人民利益有关之一切行政诉讼参与事项。"在最初的人民检察机关组织条例中，对新中国检察机关的民事行政检察职责作了最早的规定，这就是代表国家和公益参与民事和行政诉讼。1951 年《中央人民政府最高人民检察署暂行组织条例》第 3 条规定："最高人民检察署受中央人民政府之直辖，直接行使并领导下级检察署行使下列职权：

① Ю. В. Сирик，"Практика применения закодательства，рекулирующегоУчастие прокурора в гражданском процессе".

② 杨立新：《民事行政检察教程》，法律出版社 2002 年版，第 31—38 页；王桂五主编：《中华人民共和国检察制度研究》，法律出版社 1991 年版，第 388—389 页。

……（六）代表国家公益参与有关全国社会和劳动人民利益之重要民事案件及行政诉讼。”《各级地方人民检察署组织通则》也授予地方各级人民检察署以同样的职权。1954 年《中华人民共和国人民检察院组织法》第 4 条关于人民检察院职权的规定包括：对于人民法院的审判活动是否合法，实行监督；对于有关国家、人民利益的重要民事案件有权提起诉讼或者参加诉讼。

“文革”以后，1978 年重建了人民检察机关，各项检察职能都在不同程度上得以恢复。1979 年 2 月 2 日最高人民法院《人民法院审判民事案件程序制度的规定（试行）》对于人民检察院提起诉讼和参与诉讼的民事案件的审理程序都作了规定，其中“案件管辖”一节明确规定：“人民检察院提起诉讼的民事案件，由同级人民法院受理。”“开庭审理”一节明确规定：“人民检察院提起诉讼的案件，应通知人民检察院派员出庭。”《人民法院审判民事案件程序制度的规定（试行）》还对人民检察院提起诉讼和参与诉讼的民事案件的审理程序作了具体的规定。这是在十年动乱以后，第一次以司法解释的形式，对检察机关参与民事诉讼作出的规定，在人民检察院的历史发展尤其是对于民事行政检察事业的发展，具有重要的意义。但是，1979 年《中华人民共和国人民检察院组织法》彻底废止了民事行政检察制度。该法虽然在第 1 条开宗明义，规定了中华人民共和国人民检察院是国家的法律监督机关，但在具体的职权中，规定的都是刑事检察职权。

1979 年制定试行民事诉讼法时，是恢复检察机关提起民事诉讼的大好时机。如何在吸收借鉴国外检察制度经验的基础上，完善我国的民事检察制度在当时备受立法起草者的关注。起草小组在 1979 年 12 月 14 日形成的《民事诉讼法草案》（初稿）的“基本原则”中写了一条两款，即“人民检察院有权对人民法院的民事审判活动实行法律监督，有权提起或者参与民事诉讼。人民法院认为必要的时候，可以要求人民检察院参与民事诉讼”。在对初稿广泛征求意见后，起草小组在修订的《民事诉讼法草案》（第二稿）中，明确写上“人民检察院有权提起或者参与涉及国家、集体和人民重大利益的民事诉讼，有权对人民法院的民事审判活动实行法律监督”。最高人民检察院在对《民事诉讼法草案》（第三稿）所提的修改意见中，“建议将人民检察院的职权及其在民事诉讼中的地位和作用在总则中写一章，列为第五章，题为‘民事诉讼中的人民检察院’”，并具体拟了以下条文：“人民检察院有权提起或者参与涉及国家和人民重大利益的民事诉讼。人民检察院对人民法院的民事审判活动是否合法实行监督。人民检察院提起或者参与的民事案件，由检察长或者由人民检察院指定的检察员以公益代表人的身份参加民事诉讼。”①

令人遗憾的是，由于种种原因，无论是1982年的试行《民事诉讼法》还是1991年的《民事诉讼法》都没有检察机关提起民事诉讼的规定。虽然我国现行《民事诉讼法》没有规定检察机关提起民事诉讼的制度，但并不说明我们不需要检察机关提起民事诉讼的程序机制。相反，在当前社会经济形势下，构建我国检察机关提起民事诉讼的制度，不仅是必要的，而且是十分紧迫的。赋予检察机关提起民事诉讼的权利，是我国民事诉讼法的发展趋势，是即将开始的民事诉讼法修订中的一大亮点。②

（二）检察机关提起民事诉讼范围再构筑

检察机关提起民事诉讼的范围是当前理论界讨论比较多的一

① 参见吴明童：《论适度扩展检察机关的民事公诉权》，中国法学会民事诉讼法学专业委员会、最高人民检察院民事行政检察厅编：《民事检察制度热点问题探索》，中国检察出版社2004年版，第365—377页。

② 李浩：《民事公诉的若干思考》，载《法学家》2006年第4期。

个问题。那么如何界定这个范围呢？学者们大都主张以国家、社会公共利益为基准来确定检察机关提起民事诉讼的范围。随之而来的问题是，是否所有涉及国家、社会公共利益的案件检察机关都要提起诉讼呢？如果是，检察机关现有的人员配置势必无法满足这一要求。1979 年制定试行民事诉讼法时，检察机关就曾以检察机关人力不足为理由，反对检察机关参加民事诉讼。如果不是，什么类型的案件检察机关才可以提起诉讼呢？笔者认为，考虑到现实可能性的问题，所有涉及国家、社会公共利益的案件均由检察机关提起诉讼是不合时宜的。那么，案件满足哪些条件检察机关才能提起诉讼呢？对此，目前学界尚无统一的认识。

有学者认为，检察机关提起民事诉讼应当符合三个条件，即有重大民事、行政违法行为的存在；已给国家、社会公共利益造成严重危害；没有特定的权利主体或权利主体为保全部门、个人利益怠于起诉。① 另有学者认为在国家利益受到损害而无人起诉时；当公民、法人的合法权益受到侵害并涉及国家利益、社会公共利益，在公民、法人放弃诉权的情况下，国家可以通过国家诉权强制实体权利人行使诉权主张自己的民事权利；涉及众多民事主体利益即社会公共利益的案件，当无特定原告时由国家代表公众行使诉权保护其合法权益；涉及公民法人合法权益的重大案件，当受害方因种种原因不能保护自己的民事权利时国家则依法介入。②

笔者认为，既然检察机关参与民事诉讼的目的在于维护国家、社会以及公民的利益，那么检察机关提起民事诉讼范围的界定也应当以此为基本出发点。故而检察机关提起民事诉讼的案件

① 王祺国：《民事行政检察的二元结构》，载《人民检察》2002 年第 3 期。

② 徐光岩：《民事诉讼公诉权探析》，载《检察理论研究》（总第 21 期）。

至少应当满足下列条件：第一，有民事违法行为的存在。诉讼的功能之一就是为受到侵害的权利提供救济，无民事违法行为的存在，检察机关提起民事诉讼等同于无的放矢。第二，该违法行为侵犯了国家、社会的利益或者使国家、社会利益处于危险状态。前文已述，检察机关参与民事诉讼的目的就是保障国家、社会利益，作为国家、社会利益的代表者，其可提起民事诉讼的案件仅限于涉及国家、社会利益的案件。第三，在国家社会利益受到损害或是处于危险状态时，法律规定由检察机关提起诉讼或者法律规定的诉权主体怠于行使权利，又或者法律没有规定由何者行使诉权。

理论界对于检察机关提起民事诉讼的范围的探讨可谓是仁者见仁、智者见智。笔者以前文所述检察机关提起民事诉讼的条件为出发点，认为在我国现阶段下述案件可以划入检察机关提起民事诉讼的范围：1. 涉及国有资产保护的案件。国有经济控制着国家的经济命脉，在发挥社会主义优越性、增强我国的经济实力、国防实力和民族凝聚力方面，具有关键的作用。在从计划经济体制向市场经济体制的转变中，由于种种原因，国有资产流失严重，借改革、重组以及转制之名侵吞国有资产的现象时有发生。实际上国有资产的流失大多通过一种或几种形式正当的民事法律行为完成，国家作为国有资产的所有者只是“虚幻的存在”，“在这种诉讼主体缺位的条件下，如果没有一个代表国家利益的机构和组织，以国家的名义通过民事司法程序对国有资产进行保护的话，其后果是不言而喻的。因此，国有资产的保护应是检察机关提起民事诉讼的重要方面”。[①] 在俄罗斯，检察机关

---

① 廖中洪：《检察机关提起民事诉讼若干问题研究》，载《现代法学》2003 年第 3 期。

就可以提出确认违法私有化合同无效的申请。[①] 2. 涉及环境污染的案件。我们每个人都生活在一定的环境中，受污染的环境对居住于其中的公民的健康的影响是不言而喻的。由环境污染引起的诉讼包括两种形式：一是请求法院命令被告不得实施一定的行为，二是请求被告对污染所造成的人身和财产损害予以赔偿。在俄罗斯因违反环境保护方面的法律而产生的损害赔偿案件，检察机关可以提出诉讼。[②] 笔者认为，这两种形式的诉讼检察机关均可以提起。但是，对于第二种形式的诉讼，其除了涉及公共利益外，也涉及了公民个人的利益，因此，只有当直接利害关系人向检察机关提出申请，而且检察机关认为确有必要时方可。3. 破坏自然资源的案件。国家作为自然资源的所有者，在其受到破坏之时，追究相关人员的责任也是合理合法的。检察机关作为国家利益的代表有权利追究相关人员的责任。俄罗斯联邦的自然资源保护法的规定就体现了检察机关在自然资源保护方面所发挥的重要作用。[③] 4. 涉及垄断案件。公平、自由的竞争是市场经济得以健康发展的基础，美国的《谢尔曼法》第 4 条就规定各区检察官可以在各区内提起衡平诉讼，通过制止某种行为来防止和限制托拉斯行为。而在我国，涉及垄断的企业诸如铁路、电信、供热、电力、自来水、邮政、航运等都是涉及公用事业的组织，公民对其已依赖，而这些公用事业组织凭借自身的有利优势，侵害消费者利益也是非常可能的。例如服务价格不合理、争议处理机

---

① п. 4 ст. 42 фз от 27 декабря 2001 год N 178 – фз “О приватизации государственного или муниципального имущества”.

② п. 1 ст. 78 ст. 80 фз от 10 января 2002 год N 7 – фз “О охране окружающей среды”.

③ п. 1 ст. 80 фз от 10 января 2002 год N 7 – фз “О охране окружающей среды”.

制不规范、免责事项不明示、赔偿数额不合理等方面的问题。赋予检察机关对此类案件提起诉讼的权利，其目的在于形成理性、严密的反垄断的诉讼机制，维护公众的利益、维持公正、自由的竞争秩序。5. 涉及社会弱势群体的案件。在民事诉讼中，弱势群体在两个方面处于劣势：一是在诉讼资源占有上处于劣势，二是在行使民事司法救济权上存在着障碍。[①] 没有相对稳定充足的收入、缺乏应有的教育和基本技能训练的社会贫困者，如城镇失业者、城市居民最低生活保障对象、贫困农民、农民工等。在社会生活中处于无奈的状况，权利受到侵害时往往缺乏自我保护的能力。我国是社会主义国家，扶危救困，共同发展是社会主义性质的必然要求。而且人权保障的不断发展也需要国家设立相应的机关保障社会弱势群体接近司法、接近正义。俄罗斯民事诉讼中检察机关的有关立法和实践经验为我国建立这一制度提供了参照物。6. 其他损害国家利益或公共利益的案件。社会生活形形色色，国家和社会利益的表现形式也是多种多样，未免挂一漏万，有必要作一弹性规定。另外，为规范检察机关提起民事诉讼的权利，应当完善立法，在相关的民事实体法（如婚姻法、侵权法、合同法等）上明确检察机关可以或应当提起诉讼的具体情形。

第二节　程序启动机制中检察机关之诉讼地位

提起民事诉讼的检察机关在诉讼中居于何种地位，一直以来都是一个颇有争议的问题。无论是在诉讼理论还是在司法实践中

---

① 雷建玲：《弱势群体合法权益司法救济探微——以民事诉讼为视角》，载《湖北大学学报》2006 年第 3 期。

都表现出很大的复杂性，对提起诉讼的检察机关的法律地位尚未形成统一的认识，各种声音不绝于耳。“在法律文献资料中有关这个问题的争论持续了很长时间，但是直至现在，有关这个问题也未形成比较明确的观点。学术争论的根本原因在于：为了维护他人利益而向法院提出请求的检察机关，其实施的行为类似于原告的行为。虽然依据法律的字面意思它不是原告，但是只有在它的积极参与下，诉讼保护以及法院公正审判的目的才能得以实现。”①

一、原告当事人说

俄罗斯有学者②认为，提起诉讼的检察机关在诉讼中处于原告当事人的地位。因为它积极参与法庭的审理，与对方当事人辩论，向法院提出证明自己主张的证据。作为支持自己观点的基础理由，这些学者认为，检察机关提起诉讼是为了保护受到侵害的实体权利而享有诉讼权利和义务。这种学说的历史源远流长，在前苏联时期就有学者主张此种观点。③“如果检察长提起诉讼，他便是诉讼当事人——原告人，但是因为他不是法院所审理的有纠纷的民事法律关系的主体，所以他无权处分实体权利，法院所判决的实体法的后果不涉及他，他不负担诉讼费用。虽然检察长仍然是诉讼当事人，因为他享有当事人的一切诉讼权利和负担当

---

① Ю. В. Тихонова, “К вопрос о процессуальном положение прокурора как участник гражданского процесса”.

② Ференц - сороцкий АА, “Прокуроров в гражданском судопроизводстве”, *Известия высших учебных заведений*, 1992, N4.

③ ［前苏联］М. С. 斯特罗郭维奇：《论审判法科学的体系》，载《苏维埃国家与法》1939年第3期。转引自［前苏联］С. Н. 阿布拉莫夫：《苏维埃民事诉讼》，中国人民大学审判法教研室译，法律出版社1956年版，第160页。

事人的诉讼义务，更确切地说，他享有原告人的一切诉讼权利，并负担原告人的诉讼义务。检察长既然提起诉讼，就必须履行法律所规定的一切要求，只是不缴纳诉讼费用。检察长也有确认责任和举证责任，也就是说，检察长应当用事实来作为诉讼的基础，并提出证据来证实一切事实。案件中的被告人，是同检察长（原告人）有平等权利的当事人，并且和检察长进行辩论，在辩论时，被告人最后发言。”①

反对该观点的学者认为，当事人在民事诉讼法律科学中具有非常明确的内容和特征。当事人是同案件的处理结果有着程序上和实体上的利害关系，为维护自己的权利而以自己的名义参加诉讼的人。正如 M. A. Викут 教授所说的：当事人是争议权利的主体，是争议法律关系的主体，在此基础上享有程序上和实体上的法律利益。② 检察机关在诉讼中首先维护的是国家和社会的利益，它并不是争议的实体法律关系的主体。检察机关因为自己权能的特殊性，在任何情况下提起诉讼都致力于消除在诉讼过程中表现出来的破坏法律的行为。③ 分析 1964 年《苏俄民事诉讼法典》的第 3、第 4、第 33 和第 41 条和俄罗斯联邦民事诉讼法典的第 3、第 4、第 38 和第 45 条的规定可以认为《苏俄民事诉讼法典》和《俄罗斯联邦民事诉讼法典》在处理为他人权利、自由和利益而提起诉讼的检察机关的法律地位问题采取了同一手

① ［前苏联］С. Н. 阿布拉莫夫：《苏维埃民事诉讼》，中国人民大学审判法教研室译，法律出版社 1956 年版，第 161 页。

② Ю. В. Тихонова，“К вопрос о процессуальном положение прокурора как участник гражданского процесса”.

③ Ю. В. Сирик，“Практика применения закодательства，рекулирующего участие прокурора в гражданском процессе”.

法：它不是争议的实体法律关系的主体。[①] 在 2002 年 2 月 14 日联邦宪法法院的判决中，宪法法院在解释为他人利益而提起诉讼的检察机关的法律地位时认为，检察长作为检察机关的公职人员并不是实体争议法律关系的主体，而是作为参加人参与诉讼的，它享有相应的诉讼权利，检察长不能违反它为之提起诉讼的当事人的利益，该当事人才是争议的实体法律关系的主体，才是民事诉讼中的原告。

与俄罗斯法学界相似，我国学者在探讨提起诉讼的检察机关在诉讼中的法律地位时，也有学者认为，检察机关在诉讼中处于原告人地位。这种观点认为，检察机关在提起的民事诉讼中，代表检察机关的检察员的起诉行为能够引起诉讼的发生和诉讼程序的开始，检察员提起诉讼后声明诉讼请求，并有权请求法院传唤被告人应诉等，检察机关与通常民事行政诉讼中的原告人一样，居于原告人的诉讼法律地位。其不仅享有一般原告人的诉讼权利，如有权要求法官回避，依法传唤证人，而且承担原告人的义务。这种观点的核心思想在于：赞同授予检察机关提起诉讼的权利，但不赞同授予检察机关大于一般民事行政诉讼当事人的诉讼权利。检察机关在民事诉讼中的地位应当尽量的“当事人”化。[②] 这是因为：第一，检察机关提起民事诉讼的具体目的和任务是为维护国家和社会公共利益，纠正和制裁民事违法行为，即主要是对民事实体行为进行的监督。第二，在民事诉讼结构中，检察机关无论在有无实体权利主体参加下提起民事诉讼，都直接

---

① О. Бухтоярова, “Защита интересов неопределенного круга лиц ”, *Законность*, 2006, N3.

② 《检察机关参与公益诉讼研究》课题组：《检察机关提起公益诉讼的法律地位和方式比较研究》，载《政治与法律》2004 年第 2 期；廖中洪：《检察机关提起民事诉讼若干问题研究》，载《现代法学》2003 年第 3 期。

与对方当事人产生直接的对抗关系，为保证民事诉讼平等对抗的基本结构的稳定性，检察机关只能处于原告当事人的法律地位。第三，由于检察机关是国家的法律监督机关，因而成为公益代表人，根据现代诉权理论的发展，其享有诉权，具有诉的利益是适格的当事人。①

反对这种观点的学者认为：我国检察机关在宪法上是国家法律监督机关，它提起的民事诉讼和刑事公诉一样，均是基于国家法律监督者的地位，是代表国家起诉，而不是因为检察机关对诉讼标的有自身的利害关系，因此，认为检察机关在所提起的民事诉讼中居于"当事人"或"原告人"地位，是不合适的。②

二、程序意义上的当事人说

支持这种观点的俄罗斯学者③是这样论述自己的观点的：检察机关享有当事人（原告）的诉讼权利和诉讼义务，是证明自己主张的主体。尽管其在案件中不具有实体性的利益，而且法院的判决对它也没有法律效果。但是正如 B. H. Щеглов 教授指出的，承认检察长是程序意义上的原告，反映了他作为积极当事人的地位。积极的当事人可以依据法律的规定利用法律规定的方法，并通过这些方法保护受到侵害的利益。事实上，早在前苏联时期就有学者认为，提起诉讼的检察机关从诉讼的含义上讲是原

---

① 汤维建、温军：《检察机关在民事诉讼中法律地位研究》，载《武汉大学学报》（哲学社会科学版）2005 年第 2 期。

② 参见江伟、段厚省：《论检察机关提起民事诉讼》，载《现代法学》2000 年第 6 期。

③ B. H. Щеглов，*Субъект судебного гражданского процесса*，Томск，1979，p. 103. Шакарян M. C，*Субъект советского гражданского процесс*，M 1979，p. 191. Аргунов B. . H，*Участие прокурора в гражданском процессе*，МГУ，1991，p. 114.

告人，它同时也要发挥法制监督的职能。“因为提起诉讼的检察长，实质上是行使原告人的全部主要职能（论述诉讼的理由、对提起的诉讼作说明、参加法庭辩论）。同时，也不能把检察长的地位同当事人的地位混为一谈，因为检察长参加诉讼并不是为了保护他的私人利益，而完全是为了保护他人或者国家的权利和利益（当他的诉讼是对有争议的法律关系所有的主体提出时）。”①

反对这一观点的学者认为，检察机关的诉讼地位不能归结为程序意义上的原告的理由在于：将完整的当事人划分为程序上的当事人和实体上的当事人是非常不恰当的。引入程序意义上的当事人制度，使得权利争议的概念十分不确定，并且不符合立法者赋予它的内容。原告为了维护自己受到侵害的权利而享有诉讼权利并承担一定的诉讼义务。转移这些权利和义务意味着民事程序中的处分原则和当事人平等原则受到破坏。承认检察机关是程序意义上的当事人的观点实质上是忘记了任何诉讼参加人的法律地位首先取决于他参与民事诉讼程序的实质和目的。为了维护他人的利益而向法院提出诉讼请求的检察机关，同时也是义务主体，肩负着法律赋予他的法制监督和监督案件参加人的功能。②

程序意义上的当事人说在我国的民事诉讼法学界也有一定的市场。主张该说的学者认为，检察机关在民事公诉中是当事人，享有当事人的诉讼权利，承担当事人的诉讼义务。在这里，首先需要明确的是，该当事人不同于传统意义上的“利害关系当事人”，而是指纯粹的“程序当事人”。程序当事人的概念是在社会的发展导致民事实体权利的享有者和民事诉权的享有者相背离

① ［前苏联］A. A. 多勃洛沃里斯基主编：《苏维埃民事诉讼》，李衍译，常怡校，法律出版社 1985 年版，第 76—77 页。

② Ю. В. Тихонова, “К вопрос о процессуальном положение прокурора как участник гражданского процесса”.

的现象越来越普遍的背景下，以诉讼担当理论为基础发展起来的，并逐渐为各国司法实践所认可。要成为当事人，只要能够以自己的名义起诉或者应诉，并请求法院保护一定的民事权益即可。检察机关作为国家的法律监督机关，依法享有法律监督权，公诉权是法律监督权的一项基本权能。包括公诉权在内的法律监督权都因国家授予而获得。在针对侵害国家利益和社会公共利益而提起的民事公诉案件中，检察机关基于法定的诉讼担当而获得民事公诉权，并以自己的名义代表国家和社会公共利益提起诉讼，完全具备成为当事人的资格和条件。①

三、法律监督者说

主张该学说的学者认为，检察机关在任何时候既不是当事人也不是程序意义上的原告，它在参加的案件中具有独立的地位。检察机关首先是国家的代表，同时肩负着特殊职能：监督法制，保证所有的法庭审理活动以及参与法庭审理活动的参加者的活动的合法，保证法院判决的正确性，为实现审判公正向法院提供帮助。② 该学说目前是俄罗斯的主流学说。这种观点认为，检察机关参与民事诉讼，无论是参加已经开始的民事诉讼，还是提起民事诉讼，都是处于法律监督者的地位。理由是：人民检察院参与民事诉讼，不是基于当事人的诉权，而是基于法律监督权，在诉讼中不是实体权利的主体，人民法院判决的实体法律后果不适用于人民检察院。因此，无论人民检察院参与民事诉讼的方式如

---

① 王学诚：《民事检察制度研究》，西南政法大学博士学位论文，2003 年 6 月，第 150 页。

② Викут М. А, “Правовое положение прокурора, предъявившего иск в интересах другого лица”, *Вопросы теории и практики прокурорского надзора*, Саратов , 1974 , pp. 135 – 136 .

何，履行法律监督的职能都始终应是检察机关参与民事诉讼的核心任务。[①] 法律监督者的身份是我国立法精神的体现，民事诉讼法明文规定，人民检察院有权对民事审判活动实行法律监督。而且，人民检察院的性质和参与诉讼的目的也决定了它监督者的身份。人民检察院是国家的法律监督机关，其权利的行使无一不体现法律监督这一性质。它提起民事诉讼的目的是将损害国家、集体和社会公共利益的重大民事案件提交人民法院审理裁判，同时，对这些案件的整个诉讼活动实行法律监督，以维护法律尊严，确保国家法律的正确实施。[②]

反对该观点的学者认为，第一，"法律监督者"并非诉讼法上的概念。作为一个法定概念，它是指享有国家法律监督权的检察机关在整个国家机关体系中的性质，也标明着检察机关在整个国家机关体系中依法所担负的职能。而检察机关在民事诉讼中的程序地位，是指检察机关在民事诉讼中的法律身份，它是诉讼法上的概念，必然带上诉讼色彩而具有诉讼意义，而法律监督者这种定位本身是不具有诉讼意义的。这正如在刑事诉讼中，作为国家法律监督机关，检察机关享有对刑事诉讼的法律监督权，但是在刑事诉讼程序上，其法律地位是国家公诉人，而不叫法律监督者，对检察机关在民事公诉中的程序地位也应作此理解。[③] 第二，把提起民事诉讼的检察机关定位为法律监督者，混淆了民事监督权与民事起诉权的区别。虽然民事检察监督权与民事起诉权

---

① 孙谦主编：《检察理论研究综述》，中国检察出版社2002年版，第324页。

② 梁平：《也谈人民检察院在提起民事诉讼中的法律地位》，载《人民检察》1988年第11期。

③ 王学诚：《民事检察制度研究》，西南政法大学博士学位论文，2003年6月，第147页。

在某些条件下也可能存在一定程度的关联性，但是这两种权能的基本内容是有差异的。从立法权能设置的目的上来看，法律上设置民事监督权的目的，是保证法律的正确实施，维护司法的公平和正义；而设置民事诉讼权的目的，则是救济受侵害的权利。把检察机关提起民事诉讼说成是一种法律监督方式、手段，并把检察机关提起民事诉讼的法律地位定位为法律监督者，显然是很不恰当的。①

四、国家监诉人说

该观点产生于社会主义国家的理论，这一概念的提出曾被认为是诉讼法学界的突破。赞成者认为：检察机关在民事诉讼中的地位是国家监诉人。这样定位具有充分的合理性。其理由是：检察机关在整个民事诉讼活动中的基本任务是对整个民事诉讼活动实行监督，因此把检察机关在民事诉讼中的代表人命名为国家监诉人是最确切、最合适的；国家监诉人的定位表明了检察机关在民事诉讼中的国家立场和国家法律机关代表人的身份，表明了检察机关在民事诉讼中实行法律监督的功能和特性，体现了诉讼的形式和监督的内容的统一；国家监诉人可以包含检察机关对诉讼活动实行法律监督的全部内容，可以适用于检察机关参与民事诉讼的各种场合。②

反对该观点的学者认为：监督不是监视，检察机关对人民法院民事审判活动和对民事诉讼当事人诉讼活动的监督是通过法定

---

① 《检察机关参与公益诉讼研究》课题组：《检察机关提起公益诉讼的法律地位和方式比较研究》，载《政治与法律》2004年第2期；廖中洪：《检察机关提起民事诉讼若干问题研究》，载《现代法学》2003年第3期。

② 孙谦主编：《检察理论研究综述》，中国检察出版社2002年版，第326页。

的方式，即抗诉和提起公诉来实现的，而不是随时随地加入民事诉讼程序，对审判人员和当事人的举动进行监督。民事诉讼的理想状态是当事人双方地位平等，攻守平衡，法院居中裁判。诚然，与一般民事诉讼相比，由检察机关提起的诉讼有其自身的特殊性，但是不能因此而改变这种平衡，否则就不叫民事诉讼了，而按照国家监诉人说定位，则极有可能打破传统民事诉讼的固有结构平衡。第一，检察机关在与对方当事人进行攻击与防御之时，如何能以超脱的法律监督者的身份就被告的诉讼行为施行公正的、不带偏见的监督？第二，检察机关作为纷争的一方，就所争议的诉讼标的请求人民法院对之进行审判，又怎么能在接受审判的同时以超然的态度对审判者的行为进行监督呢？第三，检察机关在所提起的民事诉讼中，要行使诉讼权利并承担诉讼义务，它又如何对自己的诉讼活动进行监督呢？① 故而，该学说存在缺陷。

五、民事公诉人说

这种观点认为，检察机关在其所提起的民事诉讼中的法律地位是民事公诉人。这种观点的持论者从起诉主体的特殊身份、检察机关提起民事诉讼的目的、检察机关与其提起诉讼的民事被告人的关系、检察机关在民事诉讼中的职能、检察机关提起民事诉讼的案件范围等方面，论证了将检察机关定位为民事公诉人的合理性。在这种观点看来，检察机关提起的民事诉讼和检察机关提起的刑事诉讼，并没有实质的区别。虽然一个追究的是违法者的

① 参见江伟、段厚省：《论检察机关提起民事诉讼》，载《现代法学》2000年第6期；王学诚：《民事检察制度研究》，西南政法大学2003年博士学位论文，第148页。

刑事责任，一个追究的是违法者的民事责任，但无论哪种形式无不是采用司法程序的方式来追究违法者的责任。同时在这两种行为中检察机关并没有自己的独立利益，因此，都应当居于公诉人的法律地位。①

反对该学说的观点主要是认为公诉人说“过于强调民事诉讼中国家利益的成分，容易造成以公抑私的不平等状况，限制当事人和解、撤诉等诉讼权利”。② 有学者认为，该学说有其合理之处，但似乎也存在不足。在一般民事主体提起民事诉讼时，其诉讼地位是诉讼当事人，而在诉讼中的称谓则可以是原告也可以是被告。检察机关是为维护国家和社会公共利益而以国家名义提起诉讼的，因此，称其为民事公诉人是确切的。但是，民事公诉人只是表明了检察机关在诉讼中的称谓，也表明了对审判活动的一种监督关系，但却不能完全准确表明检察机关的权利和义务范围，不能十分准确地指明其在诉讼中的诉讼地位，也不能反映民事公诉作为一般民事诉讼范畴的普遍特征，因而还需要进一步补充。也就是说，提起民事诉讼的检察机关是程序意义上的当事人，但其诉讼称谓为公诉人。③

六、小结

综观其他国家和地区的民事检察制度会发现，有关提起诉讼

① 参见江伟、段厚省：《论检察机关提起民事诉讼》，载《现代法学》2000 年第 6 期。

② 王泽祥：《检察机关参加民事诉讼之我见》，载《云南法学》1990 年第 1 期；朱文斌：《试论检察机关参加民事诉讼的方式、范围和法律地位》，载《上海法学》1988 年第 4 期。

③ 王学诚：《民事检察制度研究》，西南政法大学博士学位论文，2003 年 6 月，第 152 页。

的检察机关在民事诉讼中诉讼地位的争论只存在于我国和俄罗斯。在英美法系和大陆法系的国家和地区中，检察机关作为公共利益的代表，在诉讼中一般都是以当事人的身份出现的，享有当事人的权利，可以对判决发表意见，认为判决错误可以提出上诉。但是不能"左右"、指挥法官，不能对法官独立行使审判权构成威胁。① 法国比较重视检察机关在民事诉讼中的作用，法国《民事诉讼法典》就规定，检察机关可以参与民事诉讼，其身份是当事人，它可以作为主当事人（原告）提起诉讼，也可以作为从当事人参与诉讼。而在美国，检察机关除了可以作为原告提起诉讼外，还可以被告的身份进入诉讼。而在我国和俄罗斯，依据宪法的规定，检察机关是国家的法律监督机关，检察机关提起民事诉讼不仅是基于维护国家和社会利益的理念，也是检察机关履行监督职能，保证法律统一实施的方式之一。

笔者认为，欲明确提起民事诉讼的检察机关在民事诉讼中的诉讼地位，首先应当厘清这样两个问题：

第一，检察机关的法律地位不同于提起诉讼的检察机关的诉讼地位。诉讼地位与法律地位不是一个完全相同的概念，诉讼地位也是一种法律地位，但法律地位不限于诉讼地位。法律地位除了诉讼法律关系中的地位外，还包括实体法律关系中的地位。提起诉讼的检察机关的诉讼地位既指其在民事诉讼中的法律身份，又指其在民事诉讼中的权利义务，但不包括检察机关纯粹作为一般民事主体在从事民事实体活动时因发生纠纷而参与民事诉讼的情形。② 换句话说，提起诉讼的检察机关的诉讼地位实质上是诉

---

① 常怡主编：《比较民事诉讼法》，中国政法大学出版社 2002 年版，第 661 页。

② 汤维建、温军：《检察机关在民事诉讼中法律地位研究》，载《武汉大学学报》（哲学社会科学版）2005 年第 2 期。

讼法上的概念。从这个意思上来说，将检察机关定位为监督者的法律监督者说似有不妥之处。其不妥之处在于以非诉讼法意义上的法律地位来界定检察机关在民事诉讼中的诉讼地位，没有将宪法规定的检察机关抽象的法律地位与相应的领域和对象相结合，其必然因缺乏针对性而受到质疑。

第二，虽然检察机关提起的民事诉讼因其启动主体的特殊性而有别于一般民事诉讼，但是其仍然是民事诉讼，受制于民事诉讼基本结构，遵循民事诉讼基本原则。诉讼平等原则是民事诉讼的基本原则，依据该原则，诉讼是在平等诉讼主体的攻击和防御中展开，检察机关与被告在诉讼中是平等的主体，其并不享有优越于被告的权利，也没有对被告行为实施监督的权利。检察机关通过与被告之间平等的攻击防御，为法院查清事实，准确判决提供可能。很显然，在诉讼中与被告享有相同地位，又处于对抗状态的只有原告。而且，从诉讼的意义上来看，提起诉讼的一方当事人为原告，享有一定的权利并承担相应的义务。因此，在由检察机关提起的诉讼中，检察机关处于当事人的地位也就是情理之中的事情了。依此看来，国家监诉人说尚有待商榷之处。该说片面强调了检察机关的宪法角色，将其权力绝对化，忽视了民事诉讼的特殊性。而且，提起诉讼的检察机关在诉讼中既是监督者，又是当事人，必然会打破诉讼平衡。在本质上该说与法律监督者说有异曲同工之妙，都是彰显检察机关的特殊性，但过犹不及，过分的突出反而成为其成立的障碍。

根据上述认识，提起民事诉讼的检察机关在诉讼中处于当事人的地位，而且是程序意义上的当事人地位。虽然从诉讼法的意义上说，主动提起诉讼的检察机关应当处于当事人地位，但是它并不是处于争议状态的法律关系的权属主体。而且其同案件的处理结果也没有利害关系。依据传统当事人理论，检察机关并不是适格的当事人。我国《民事诉讼法》第108条就规定原告是与案件有直接利害关系的公民、法人或其他组织，也就是说，当事人只能为了自己的利益才能提起诉讼。换言之，提起民事诉讼的检察机关的诉讼地位问题，实质上就是当事人适格的问题。

传统当事人理论强调当事人的实体法特征。“传统当事人理论是要求当事人与案件有‘直接利害关系’，直接利害关系人之外的人不能成为当事人。反映在民事实体法律规范中，就是一条实体规范的主体才能成为民事诉讼的当事人。”① 随着社会的发展，实体法上的权利主体（或法律关系主体）享有诉权的做法往往无法实现对第三人利益、集团利益和公众利益的保护，有时甚至无法实现对实体权利的处置。这时就需要设定相关的制度，由实体权利主体之外的主体作为正当当事人提起或参与诉讼。这种由他人承担真正的利害关系人的诉讼实施权的现象，即为诉权与实体权利相分离。当事人也由完全实体法意义上的当事人，转而成为程序意义上的当事人。只要能够以自己的名义起诉或应诉，即可成为当事人。为维护国家和社会利益而主动提起诉讼的检察机关虽然同案件没有直接的利害关系，但它是以自己的名义进行诉讼的，完全具备当事人的资格和条件。由于检察机关同案件并没有实体上的利害关系，其只能是程序意义上的当事人。

第三节　程序启动机制之程序映像

检察机关提起民事诉讼因其启动主体的特殊而有别于一般的民事诉讼，因此，如果不能妥善解决由检察机关提起的民事诉讼

---

① 肖建华：《民事诉讼当事人研究》，中国政法大学出版社2002年版，第20页。

的程序问题，即使立法赋予了检察机关提起民事诉讼的权利，在实践中也因难以顺利运行以致形同虚设。

一、诉讼是否必须受理

检察机关提起的诉讼法院是否必须受理，从某种程度上说反映了检、法两家之间的关系以及检察机关的法律地位。在前苏联时期，受国家全面干预思想的影响，负有监督职能的检察机关提起的诉讼法院必须受理，“在解决案件时，法院可以不同意检察长的意见，但是法院必须受理案件”。“同时，在本案中检察长有无理由参加诉讼的问题，应当由上级检察长进行审查，与法院的诉讼任务无关。在检察长起诉的任何场合，法院都应当对案件进行实体审理。”① 当前在俄罗斯民事诉讼运行机制中司法权日益强大，司法独立不断得到加强，法院在诉讼中的主导地位不断巩固。因此，检察机关提起诉讼不会必然启动诉讼程序。也就说，检察机关提起的诉讼是否启动诉讼程序由法院决定。司法实践中也不乏法院不予受理检察机关诉讼请求的情形。如斯维尔德洛夫斯克州、梁赞州、鄂木斯克州、普斯科夫州、克拉斯诺达尔边疆区的法院就驳回了检察机关提起的诉讼。② 我国有学者认为，检察机关提起的诉讼，法院必须受理和裁判，而不能不予受理或者裁定驳回起诉。检察机关是否存在滥诉的情况，不能由法

---

① ［前苏联］В. Н. В别里鸠根、Д. В. 什维采尔：《民事诉讼中的检察长》，王更生、卢佑先译，中国人民大学出版社1957年版，第22、30页。

② Ю. В. Тихонова，“К вопрос о процессуальном положение прокурора как участник гражданского процесса”. Ю. В. Сирик，“Практика применения закодательства，рекулирующего участие прокурора в гражданском процессе”.

院单方面予以确定。[①]

如果检察机关提起的诉讼法院必须受理，那么将难以解决这样的难题：第一，前文已述，提起诉讼的检察机关在诉讼中处于当事人的地位，如果它提起诉讼的法院必然受理，以此类推，其他人提起的诉讼，法院是否也要必然受理呢？实际上，并不是每个向法院提出的请求法院都受理。如果检察机关提起的诉讼法院必然受理，还有何诉讼平等可言。第二，检察机关提起的诉讼法院必须受理也有违反审判独立。审判独立的基本要求是案件的审理以及如何处理由法院自行决定，其他机关无权干涉。而检察机关提起的诉讼法院必须受理，无形中为法院设定了行为模式，损害了法院在案件处理上的自主性。总之，检察机关提起的诉讼是否受理，由法院依据诉讼法及其他法律的规定作出决定。

二、案件的管辖

此处所谈的案件管辖包括两个方面的内容：一是法院系统内对检察机关所提起诉讼的级别管辖；二是检察机关系统内提起民事诉讼的级别管辖。在俄罗斯民事诉讼运行机制中，检察机关提起的案件的管辖适用普通案件的管辖，而且检察机关内部也没有关于检察机关提起案件方面的权限分工。我国学者认为，检察机关提起民事诉讼职权的授予对象不宜宽泛，不宜授予基层人民检察院提起诉讼权，可以授予省、州、地、市级以上的检察院向同级人民法院提起民事诉讼。这种制度设计意在通过审理的提高，保证提起民事诉讼的严肃性与公正性。[②] 也有学者以检察机关提

① 王学诚：《民事检察制度研究》，西南政法大学博士学位论文，2003 年 6 月，第 154 页。

② 殷广斌等：《审判制度改革进程中民事检察发展方向论》，孙谦等主编：《检察论丛》，法律出版社 2001 年版，第 166 页。

起民事诉讼的特点为出发点，认为案件的范围是十分有限的，因此不宜像刑事公诉那样将管辖权赋予各级检察院，而应当区别案件具体情况加以确定。① 并认为以下几方面应当作为确定案件管辖时应予考虑的因素：一是案件的性质和影响；二是案件涉及面的大小；三是提起诉讼所产生的效应和作用；四是原则性与灵活性相结合。②

虽然新中国成立初期，法律曾赋予检察机关提起民事诉讼的权利，但是对于检察机关提起民事案件在检察机关内部的权限分工以及法院系统在审理这类案件时的权限分工的问题并没有涉及。在目前的民事诉讼运行环境中，有关检察机关提起民事诉讼案件的级别管辖问题，可以考虑依据案件的不同情况，确定各级检察机关提起民事案件的管辖权。但应当明确的是，在确定检察机关提起诉讼的权限分工时，要兼顾民事诉讼法中有关管辖的规定。换句话说，检察机关提起民事诉讼的权限分工不能与现行民事诉讼规定的级别管辖相冲突。毕竟检察机关提起的是民事案件，是要遵守民事诉讼法的规定的：1. 对于涉及国有资产保护的案件可以根据案件的性质和影响的大小分别由各级检察机关向同级的法院提起诉讼。2. 涉及环境污染和破坏自然资源的案件，由于环境和自然资源的重要性可以考虑由地、市级以上的检察机关向同级法院提起民事诉讼。3. 涉及垄断案件由于触及了市场经济的秩序，可以由省级以上的检察机关向同级法院提起诉讼。4. 涉及社会弱势群体的案件，主要是为了维护弱势群体的利益，因此可以考虑分别由各级检察机关向同级法院提起诉讼。检察机

① 常英、王云红：《民事公诉制度研究》，载《国家检察官学院学报》2002 年第 4 期。

② 王学诚：《民事检察制度研究》，西南政法大学博士学位论文，2003 年 6 月，第 155 页。

关提起民事案件的管辖，还必须辅之以相应的灵活性。即上级人民检察院在必要的时候，可以就由下级人民检察院管辖的案件提起诉讼，下级人民检察院认为案情重大、复杂或者社会影响面大，需要由上级人民检察院提起诉讼的，可以请求移送上一级人民检察院提起诉讼。

三、可否对检察机关提出反诉

对于检察机关提起的民事诉讼，被告可否反诉的问题，是颇有争议的问题。在俄罗斯民事诉讼中，对于可否对检察机关提出反诉的问题，在民事诉讼法典中找不到答案。俄罗斯联邦总检察长在2003年《关于理解和适用民事诉讼法中检察长参加民事诉讼的规定》的公开信中指出，虽然民事诉讼法典没有明确指出不能对检察机关提出反诉，但是因为检察机关在民事诉讼中特殊的诉讼地位，不能向其提出反诉。① 法院最终采纳了检察机关的观点，在司法实践中，对方当事人不能向检察机关提出反诉。我国学界对于能否对提起诉讼的检察机关提出反诉，存在正反两个方面的意见。反对者认为，对于检察机关提起的民事诉讼，对方当事人不能反诉，是因为检察机关提起的诉讼是为了维护国家和社会的公共利益。赞同者认为，反诉作为民事诉讼中的一项特有制度，其设置的目的就在于平等保护当事人诉权的行使。如果对方当事人不能对检察机关提起的民事诉讼提出反诉，会破坏诉讼制度的公正。而且提起诉讼的检察机关在诉讼中居于当事人的诉讼地位，与一般原告并没有差异，允许对方当事人提出反诉符合

---

① Информационное письмо Генеральной прокуратуры РФ от 27 января 2003 г. N 8 – 15 – 2003 “О некоторых вопросах участия прокурора в гражданском процессе, связанных с принятием и введением в действие Гражданского процессуального кодекса Российской Федерации”, С2.

诉讼法理。①

提起诉讼的检察机关在诉讼中处于程序意义上的当事人地位，享有一定的权利和义务。依据《俄罗斯联邦民事诉讼法典》第45条的规定，提出请求的检察长，享有原告的全部诉讼权利和承担原告人全部的诉讼义务，但订立和解协议的权利和交纳诉讼费用的义务除外。也就说，立法者对能否对检察机关提出反诉问题并未明确的肯定或是否定，检察机关从自身的利益出发，借民事诉讼法规定的漏洞，宣称不能对检察机关提出反诉。任何一项制度的存在都有其特定的功能和价值，以充分说明该制度存在的合理性与正当性。反诉制度作为民事诉讼制度中一项重要的诉讼制度，在实现诉讼公正和促进诉讼经济方面发挥了巨大的作用。本诉和反诉的一并审理，一方面使与案件有关的事实在法官面前更为全面的展开，为双方当事人提供了平等的保护。另一方面，也在同一诉讼程序中实现了两个诉讼的合并审理，实现了诉讼经济。检察机关提起的民事诉讼，由于起诉主体以及案件的类型而有别于一般的民事案件，故而有学者主张对检察机关提起的诉讼不能提出反诉。这种观点看到了检察机关提起的民事案件的特殊性，而忽视了其作为民事案件的一般性。检察机关提起的案件，也是民事案件，也要遵循民事诉讼的价值理念、基本原则和具体制度。反诉制度集中反映了民事诉讼的基本价值理念：公平和效益。不适当的剥夺对方当事人反诉的权利，不仅有悖于民事诉讼的基本价值理念，对对方当事人也是不公正的，破坏了当事人平等原则。因此，笔者认为，对检察机关提起的诉讼可以提出反诉。

---

① 廖中洪：《检察机关提起民事诉讼若干问题研究》，载《现代法学》2003年第3期。

四、诉讼能否调解

能否对检察机关提起的案件进行调解，国内学界存有不同意见，主张者有之，反对者有之。由于立法和司法政策上的重视，法院调解被广泛地运用于司法实践中，贯穿于各类民事诉讼案件的始终。调解作为一种结案方式在诉讼制度中占据着重要的地位。“可以发现，中国的民事审判方式相当接近于一种可称为‘调解型’的程序构造模式。在这种模式中，通过取得当事人的和解、合意来结束案件是诉讼的首要目标，调解成为处理纠纷的最主要方式。”① 作为一种纠纷解决方式，调解在中国有着悠久的历史传统，更被西方学者称为“东方经验”。调解的主体和调解的方式可谓多种多样，官方调解、宗族调解、邻里调解同时并行不悖。甚至可以说，中国古代民事诉讼制度的发展史实际上也是调解制度的发展史。现行法院调解制度，在立法和司法政策上经历了4次调整。② 2004年最高人民法院制定的《关于人民法院民事调解工作若干问题的规定》的司法解释，使得法院调解再次成为焦点和热点，各地法院的司法实践也表明法院调解已卷土重来。检察机关提起的民事案件其启动主体具有特殊性，同时法院调解又是我国民事诉讼传统的结案方式，两者如何衔接自然成为学者关注的焦点。检察机关提起的案件并不会因为其启动主体是检察机关而改变其民事案件的性质，也不会使其完全脱离于民事诉讼程序。而法院调解是我国民事诉讼中重要的制度，既然检察机关提起的民事案件仍然是民事案件，仍然遵守民事诉讼程

① 王亚新：《社会变革中的民事诉讼》，中国法制出版社2001年版，第10页。

② 有关法院调解的立法调整详见李昕：《法院调解：制度而非原则》，载《法律适用》2006年第10期。

序，那么法院调解适用于检察机关提起的案件也就无可厚非了。更为重要的是，检察机关提起的民事案件并不意味着检察机关已经掌握了充分的证据一定能够胜诉，故而“从诉讼策略和技术上讲，在检察机关提起的民事诉讼中，调解不应当是一种被排斥的解决方式”。① 检察机关接受调解有利于检察机关根据案件的具体情况，灵活的采取不同的诉讼策略和方式求得最佳的诉讼效果。但从另一方面来看，检察机关所提起的诉讼大都涉及国家、社会公共利益，倘若允许调解，难免让人产生国家、社会利益可以讨价还价之嫌。国家、社会利益由于其牵涉了多数人的利益，不可能向个人利益那样可以自由处分。故而笔者认为，由于检察机关所提起的诉讼的特殊性，不宜适用调解解决。

五、检察机关应否承担诉讼费用

对于检察机关是否承担诉讼费用的问题，自前苏联时期开始，立法就有明确规定。1931 年之前，检察机关提起的民事案件依据规定是免交规费的。苏俄司法人民委员部在 1927 年 1 月 7 日第 10 号的通令中指出：“检察机关在依据‘苏俄民事诉讼法典’第 2 条规定起诉时，适用‘苏俄民事诉讼法典’第 43 条的一切规定。”1923 年《苏俄民事诉讼法典》第 43 条规定：下列机关的诉讼不征收规费、其他税捐和诉讼费用：国家机关和免征公益税的国家企业。该法第 45 条和第 46 条还规定，检察机关提起的案件不缴纳付给证人和鉴定人的报酬、车马费等。如果检察机关的诉讼请求经法院判决胜诉，那么就应当按照判令胜诉部分的比例，命令被告人缴纳规费和诉讼费用。检察机关在其提起的

① 廖中洪：《检察机关提起民事诉讼若干问题研究》，载《现代法学》2003 年第 3 期。

诉讼被驳回的情况下，并不负责赔偿被告人的费用。[①] 在1931年修订《民事诉讼法典》之时，第43条受到修正，修改后的第43条所规定的免征国家税和诉讼费用的案件中并没有检察机关提起的案件。但是在司法实践中，检察机关仍然依据《苏俄民事诉讼法典》第2条的规定提起诉讼，并不缴纳诉讼费用。其理由是检察机关在进行这类活动时是代表整个国家的。1964年的《苏俄民事诉讼法典》则在立法中否定了1931年的规定，转而支持司法实践中的做法。为保护他人权利和利益而提起诉讼的检察机关免向国家缴纳诉讼费用，但是，对于判决胜诉的一方当事人案件中所花费的一切诉讼费用，法院都要判处由另一方当事人予以补偿，即使这一方当事人曾经被免除向国家缴纳诉讼费用。也就是说在检察机关提起的诉讼中，如果检察机关败诉，其要承担被告人因此诉讼而产生的费用。在完全驳回或部分驳回检察机关为保护他人权利和利益而提起的诉讼请求的时候，应当从预算资金中拨出款项补偿被告人支付的诉讼费用的全部，或者按照驳回原告人诉讼请求部分的比例补偿一部分。[②] 2003年的《俄罗斯联邦民事诉讼法典》继承了这一立法传统，该法第45条和第89条规定："申请维护他人权利、自由和合法利益，维护俄罗斯联邦、俄罗斯联邦主体、地方自治组织利益的检察机关免交国家规费，不承担缴纳诉讼费用的义务。"在当事人诉讼费用的补偿上也延续了《苏俄民事诉讼法典》的做法，即为了维护原告人的权利、自由和合法利益而向法院提出诉讼请求的检察

---

① ［前苏联］В. Н. В别里鸠根、Д. В. 什维采尔：《民事诉讼中的检察长》，王更生、卢佑先译，中国人民大学出版社1957年版，第31页。

② 1964年《苏俄民事诉讼法典》第80条和第94条对此作出了明确的规定。详见《苏俄民事诉讼法典》，梁启明、邓曙光译，刘家辉校，法律出版社1982年版，第27—32页。

机关，如其诉讼请求完全或部分驳回，则使用相应预算的资金，完全或按原告人请求驳回或满足的比例补偿被告人因案件管理而发生的费用。其主要的立法理由是：提起诉讼的检察机关维护的是国家和社会的利益。无论是前苏联还是现在的俄罗斯，其诉讼费用主要由国家规费和与案件审理有关的费用两部分构成，国家规费是国家财政收入的来源之一，是为法院实施诉讼行为而应当缴纳的费用，法律主要是依据诉讼的性质以及诉讼的涉案价额为依据确定缴费的数额和计算方法。案件审理费同国家规费有实质的不同，它由审理案件实际支付的金额决定。前苏联和俄罗斯联邦诉讼价额和与案件审理有关的费用的计算和范围因立法不同而略有差异。① 从俄罗斯联邦有关诉讼费用的立法规定中可以看出，在检察机关提起的诉讼中，检察机关免于缴纳的是国家规费，而与案件管理有关的费用则依据诉讼结果补偿对方当事人。而前苏联的民事诉讼立法则笼统地规定检察机关免于缴纳诉讼费用。这表明在俄罗斯民事诉讼运行机制中，诉讼费用制度调整的不仅是法院和当事人之间的关系，也调整着当事人与当事人之间的关系，有关诉讼费用的承担方面还是按照世界通行的由败诉方承担诉讼费用的规则。

那么在我国民事诉讼中，提起诉讼的检察机关应否承担诉讼费用呢？虽然检察机关提起的民事诉讼维护的是国家和社会利益，而且胜诉的利益也不会归于检察机关。但这并不意味着检察机关在民事诉讼中不承担相应的诉讼费用。一方面诉讼如同其他社会活动一样，需要收取一定的规费，以表明程序的开始，并显示主体对实施该行为的慎重。另一方面，司法机构为解决民事纠

---

① 详见1964年《苏俄民事诉讼法典》，第83、86条，以及《俄罗斯联邦民事诉讼法典》第91、94条。

纷需要作出相应的物质消耗，因此裁判费用也就是当事人分担这种耗费所必须作出的支付。[①] 检察机关在完全败诉或部分败诉的情况下，承担对方当事人与之相关的与案件管理有关的费用，一方面可以促使检察机关审慎地依法行使民事诉讼权，另一方面也充分体现了诉讼权利平等原则，检察机关提起的民事案件并不会因其启动主体的特殊性，而使其逃避基本的诉讼义务。因此，检察机关在败诉的情况下，应当承担相应的诉讼费用。

① 肖建国：《民事程序价值论》，中国人民大学出版社 2000 年版，第 303 页。

第四章　民事检察制度之事中介入机制

在俄罗斯民事诉讼运行机制中，检察机关除了可以主动启动诉讼程序外，还可以依据法律的规定加入他人已经开始的诉讼，即事中介入。依据《俄罗斯联邦民事诉讼法典》、2003 年 1 月 27 日《关于理解和适用民事诉讼法中检察长参加民事诉讼的规定》的俄罗斯联邦总检察长的公开信以及 2003 年 10 月 2 日俄罗斯联邦总检察长《关于保障检察长参加民事诉讼》的命令的规定，检察机关除了可以直接提起诉讼外，还可以提出结论为目的而参与诉讼。检察机关以提出结论的方式参与诉讼在俄罗斯颇具历史传统。在前苏联时期，参加案件的检察机关就可以对案件的实体审理提出意见，1964 年的《苏俄民事诉讼法典》第 187 条明确规定：参加案件的检察长在法庭辩论之后对整个案件的实体提出意见。当时的诉讼理论认为，检察机关参与民事诉讼不应当只归结为提出意见，检察机关意见的形成是以整个庭审过程中发生的一切事实为依据的。也就是说，检察机关在审判过程中，可以根据案情改变原有的对一方当事人或是双方当事人的看法。在效力上，检察机关提出的意见只是法院作出判决的参考，检察机关无权强迫法院按照自己的意见作出判决。“检察长对具体民事案件所提供的意见，法院并不一定受其拘束。对检察长所提出的意见、对事实材料所提出的分析以及对某一情况应当适用的法律所作出的解释，法院都必须采取批判的态度。"① 2003 年的俄罗斯联邦民事诉讼法保留了这一立法传统，但对这一制度的某些方面作出了变更：一方面，检察机关对于由其提起的案件不能提出结论，而且法律明确规定了检察机关可以参与诉讼并提出结论的案件范围。法律明确规定案件范围的意图是非常明显的：标明检察机关行使权利的界限，防止其滥用权力、恣意干涉诉讼。另一方面，检察机关提出的结论的效力与以前的民事诉讼法相比并没有什么变化，其依然是法院作出判决的参考。

第一节　概　述

一、民事检察制度事中介入之范围

（一）前苏联时期民事检察制度事中介入之范围

在前苏联时期，虽然当时的立法没有明确规定检察机关可以提出结论的案件范围，但是可以从立法的有关规定中推知，检察机关可以对一切案件提出意见。前文已述，依据苏俄民事诉讼法的规定，检察机关可以在其认为有必要时对一切民事案件提起诉讼或者是随时参加诉讼。而立法又同时规定，检察机关可以对参加的案件提出意见。换句话说，无论是由他提起的诉讼还是参加他人已经开始的诉讼。在理论上检察机关可以对任何案件提出意见。在司法实践中，检察机关提出的意见，应当有法律根据并对案件中的证据有所分析，而不是简单地对案件发表意见。那种既没有对证据作出应有的分析，也没有从法律上加以论证的意见是

① ［前苏联］克列曼：《苏维埃民事诉讼》，译者不详，法律出版社 1957 年版，第 169 页。

有重大错误的。为了保证检察机关提出的意见是有根据的和正确的意见，检察机关应当预先进行准备，而且可以根据审判过程中案情的确定改变自己原有的意见。①

（二）俄罗斯联邦民事检察制度事中介入之范围

俄罗斯新民事诉讼法典虽然保留了检察机关提出结论的权利，但是却严格限制检察机关这一权利的行使，并通过列举的方式明确规定了检察机关可以提出结论的案件类型。根据《俄罗斯联邦民事诉讼法》和俄联邦总检察长《关于保障检察长参加民事诉讼》的命令以及相关实体法律的规定，检察机关参加下列案件并提出结论：强制迁出、恢复工作、生命或健康损害赔偿等案件（民事诉讼法第45条）；要求撤销规范性法律文件的案件（民事诉讼法第252条）；维护公民选举权和参加全民公决权利的案件（民事诉讼法第259条）；有关收养关系的案件（俄联邦家庭法第125条、第140条以及民事诉讼法第273条）；认定公民失踪或是宣告公民死亡的案件（民事诉讼法第278条）；限制公民行为能力、认定公民无行为能力、限定或剥夺年满十四岁不满十八岁的未成年人独立处分自己收入的权利的案件（民事诉讼法第284条）；宣告未成年人具有完全行为能力的案件（民事诉讼法第288条）；关于将患有精神病的公民强制安置到精神病住院机构或延长强制住院期限的案件（民事诉讼法第304条）；关于丧失亲权、恢复亲权以及限制亲权的案件（俄联邦家庭法第70条、第72条和第73条）；结核病人必须治疗的案件（联邦性法律《禁止结核病扩散》第10条）；争议具有特别社会

① ［前苏联］B. H. B别里鸠根、Д. B. 什维采尔：《民事诉讼中的检察长》，王更生、卢佑先译，中国人民大学出版社1957年版，第40页。

意义的案件①。此外俄联邦总检察长《关于保障检察长参加民事诉讼》命令第4条还进一步对《俄罗斯联邦民事诉讼法》第45条第3款中规定的检察机关可以提出结论的案件范围作出解释，依据该命令的规定，对于下列案件检察机关必须参加：无其他居住地的迁出案件；与劳动合同终止有关的恢复工作的案件；公民在完成劳动义务时生命或健康损害赔偿案件以及其他结果具有重大社会意义的案件。而且这些案件是检察机关必须义务性参加的案件。检察机关就这些案件提出的结论应当符合下列的要求：首先应当是有根据的，其中包括对庭审证据的评价，并且依据这些证据指出案件的真实情况。其次，评议争议的法律关系，给出适用于案件的实体法律规范。②

（三）小结

比较前苏联和俄罗斯联邦检察机关提出结论的案件范围可以发现，俄罗斯联邦检察机关可提出结论的案件范围明显小于前苏联时期。具体表现为：1. 检察机关不能对由其主动提起的案件提出结论；2. 检察机关可提出结论的案件大多限于特别程序的案件。法律条文变迁的背后隐藏的是立法意图的变化。以往检察机关提出意见的目的是促进法院正确判决，保证法制的统一，其可以对任何案件提出结论。而今天检察机关提出结论除了从维护社会公共利益的角度出发外，还要维护司法独立，促进审判的公正与平等。如果允许检察机关对由其提起的案件提出结论，必然会破坏当事人之间的攻防平等。因为如此做法使得检察机关在同

---

① Приказ Генпрокуратуры РФ "Об обеспечении участия прокуроров в гражданском судопроизводстве" от 02. 12. 2003 № 51. с4.

② М. А. Викут, *Гражданский процесс*, Юристъ, 2004, p. 95.

一诉讼中以不同的身份两次介入：一次是作为诉讼的启动者，另一次则是作为案件结论的提出者。毫无疑问，这种做法明显地赋予了检察机关优于另一方当事人的诉讼特权，破坏了诉讼平等和另一方当事人的诉讼保护。[①] 故而立法者取消了检察机关可以对由其主动提起的案件提出结论的特权。

二、民事检察制度事中介入之时间

既然探讨的是检察机关进入他人已经开始的诉讼，自然不可避免地要谈论有关检察机关进入诉讼、发表意见的时间。

（一）进入诉讼的时间

在前苏联时期，以提出结论为目的的检察机关进入诉讼的时间是没有限制的，检察机关可以随时加入诉讼。对此苏俄民事诉讼法典是有明确规定的。1923 年《苏俄民事诉讼法典》第 2 条规定：检察机关如果认为确有必要保护国家和劳动群众的利益时，可以随时参与诉讼；第 12 条规定：如果法院认为检察机关有必要参加诉讼，检察机关就必须参加诉讼。在上诉程序中，检察机关可以书面或于开庭中以言辞方式提供其对上诉案件的意见，无论其是否参加该案件的一审。1964 年的《苏俄民事诉讼法典》也作出了类似的规定，该法第 41 条规定，检察机关在有法律规定，或法院认为有必要时，可以在诉讼的任何阶段参加诉讼。其不仅可在一审程序中的法庭辩论结束之后提出意见，还可以在上诉程序中提出意见（苏俄民事诉讼法第 303 条）。

在目前俄罗斯民事诉讼运行机制中，对于提出结论的检察机

① Ю. В. Тихонова，“К вопрос о процессуальном положение прокурора как участник гражданского процесса”.

关何时进入诉讼，立法并没有明确的规定，但是可以肯定的是，在辩论程序结束之前如果检察机关没有进入诉讼，那么其就没有必要在进入诉讼了。而且，未参加案件一审的检察机关无权在上诉程序中提出结论。

（二）提出结论的时间

检察机关在何诉讼阶段提出结论，1964年苏俄民事诉讼法对此有明确的规定。① 在庭审过程中，如果所审理的案件有检察机关的参加，在法庭辩论结束之后，检察机关有权发言，就整个案件的实质提出意见。如果是由检察机关提起诉讼，或者是检察机关参加已经开始的诉讼，在这种情况下，检察机关的意见都应当成为庭审的重要组成部分。在法庭辩论和检察机关提出意见后，审判人员退入评议室制作判决（苏俄民事诉讼法第189条）。苏俄民事诉讼法之所以将检察机关提出意见的时间安排在法庭辩论之后，并非随意而为，而是有其依据的。检察意见是检察机关对案件的整体性评价，其内容包括对于在审判庭上所调查的证据的分析；根据法院所查明的事实和根据调整有争议的法律关系而得出的结论；以及他认为应当依据哪些法律、应当怎样解决案件、是否应当全部或部分地满足诉讼要求，或者是否应当驳回诉讼等的意见。② 也就说检察意见是检察机关对整个案件的最终结论，是对这个庭审过程中所发生的一切事情所作出的结论。而法庭辩论阶段是双方当事人充分展示各自证据，廓清案件事实的主要阶段。如果在这一阶段之前检察机关就提出了意见，很明

① 该法第187条规定：参加案件的检察长在法庭辩论之后对整个案件的实体提出意见。

② ［前苏联］A. A. 多勃洛沃里斯基主编：《苏维埃民事诉讼》，李衍译，常怡校，法律出版社1985年版，第247—248页。

显，检察意见就达不到其所预期的监督法制、促进法院公正审判的目的。

2003 年的《俄罗斯联邦民事诉讼法典》将检察机关提出结论的时间由原来的法庭辩论之后改为案件实体审理终结之后，法庭辩论之前。在审理完所有的证据之后，审判长请依照民事诉讼法第 45 条第 3 款的规定以提出结论为目的而参加诉讼的检察机关对案件进行总结。总结后，诉讼转入法庭辩论阶段。对于立法的这一变化，有学者认为，新民事诉讼法第 189 条有关检察结论的提出时间的规定是非常不成功的。立法规定实质上剥夺了检察机关依据法制原则的观点总结审判活动、完整评价整个案件以及为法院提出解决方案的可能。而且在实践中，检察机关在法庭辩论之前提出自己的结论，当事人容易依据检察机关的主观评价论证自己的请求。①

虽然《俄罗斯联邦民事诉讼法典》的规定，客观上使得法院在审理案件时不再像前苏联时期那样深受检察结论的影响，但在一定程度上为法官独立审理案件、自主决定案件结果排出了不必要的干扰，迎合了当下俄罗斯提高法院地位、尊重司法独立的司法改革潮流。但是，正如俄罗斯学者所指出的，“检察结论的法律意义在于帮助法院作出合法、有根据的判决，宣传俄罗斯法制，促进公民奉公守法意识的培养”。② 在法庭辩论之前提出的检察结论只能是检察机关根据自己所掌握的证据资料对案件作出的主观性评价，这种带有主观色彩的评价不仅不能达到检察机关进入诉讼所预期的维护法制，为公正审判提供帮助的目的，反而会使检察结论

① Ю. В. Тихонова，“К вопрос о процессуальном положение прокурора как участник гражданского процесса”.

② М. А. Викут，*Гражданский процесс*，Юристъ，2004，p. 95.

流于形式，成为诉讼程序中的摆设，甚至会误导当事人。

三、民事检察制度事中介入之方式

在前苏联时期，检察机关既可以主动参加诉讼，也可以根据法院的请求而参加诉讼。并且没有限制参加诉讼的时间，即检察机关可以随时加入诉讼。从当时的立法规定中可以看出，在前苏联时期，无论是一审阶段还是上诉审阶段检察机关可以主动或者是因法院邀请而进入诉讼，并提出结论。换句话说，此时对于检察机关以提出结论为目的而进入诉讼的方式是没有任何限制的。

在俄罗斯民事诉讼的运行机制中，提出结论的检察机关以何种方式进入诉讼——是主动进入还是依据法院的通知进入抑或是依据当事人的申请而进入诉讼，对此俄罗斯联邦民事诉讼法并没有给出明确的答案。与前苏联时期的规定相比，俄罗斯联邦的民事诉讼法发生了以下的变化：首先，俄罗斯联邦民事诉讼法典废除了检察机关在任何诉讼阶段进入诉讼的规定。诉讼法典的这一规定与1999年的《俄罗斯联邦检察院组织法》的规定相矛盾，该法第35条第3款规定：检察机关为维护公民的利益、社会和国家的利益，在诉讼的任何阶段检察员都有权介入案件。其次，在检察机关进入诉讼的方式方面，司法实践倾向于检察机关因“受邀”而进入诉讼。“如果在审理案件的过程中发现了民事诉讼法第45条第3款所指出的案件，法官应当告知检察长有关情况。如果已经进入了法庭审理阶段，则应当告知检察长庭审的时间和地点。”① 知道庭审的时间和地点的检察机关不参加庭审的不影响案件的审理。也就是说，法院的告知行为是检察机关进入

① М. К. Треушникова, *Гражданский процесс*, М: ООО ? Городец – издат?, 2003, p. 146.

诉讼的媒介。即使检察机关知道案件存在，以及庭审的时间和地点，也不意味着检察机关已经参加了诉讼，他只能被“邀请”。

第二节　俄罗斯民事检察制度事中介入机制的启示

检察机关事中介入机制是俄罗斯民事检察制度的重要组成部分，其与我国目前司法实践中存在的检察建议制度存在着某种相似性。比如说，两者都是检察机关参与民事诉讼的方式之一、两者都是检察机关针对具体民事案件所作出的建议，都是检察机关进入他人已经开始的诉讼等。俄罗斯新民事诉讼法修改并保留了这一在前苏联时期就已经存在的检察机关参与民事诉讼方式——检察结论，俄罗斯民事诉讼这种有限的继承对我国建立和完善检察建议制度是大有裨益的。

一、目的明确：保护公共利益

检察机关参与特别程序的案件土要是因为这些案件“都与公民的法律地位有关，涉及公民个人的私权。检察机关参与这类案件的目的首先在于保证公民遵守法律，维护公民的法律利益，因此检察机关为了保护公民的权利、利益以及国家、社会利益应当就如何审理案件提出结论”。[①] 更为重要的是，俄罗斯学者认为，检察机关参与这类案件可以弥补案件审理的片面性，使这类诉讼呈现出辩论主义的因素。理由如下：诉讼中的任何一方当事人都享有证明自己的主张的权利，享有上诉的权利。这种权利有

① А. Францифоров, “Прокурор в делах особого производства гражданского процесса”.

助于消除法院违法的决定，将违法判决发生法律效力的可能性降低到了最低点。而在特别程序中，当法院的判决违法时，由于发生法律效力的判决是符合申请人的利益的，因此，当法院的判决违法时，参加案件的检察机关可以向上级法院提出上诉。“检察机关参与这类案件极大限度地保证了公民的权利和自由，同时也为这类诉讼带来了辩论主义因素。”①

二、立法廓清适用范围

前文已述，俄罗斯新民事诉讼法典通过立法的形式表明了检察机关可提出结论的案件范围，这种做法在规范检察机关权利行使范围的同时，也防止了检察机关滥用自己的权利。在立法规定上民事诉讼法与司法解释相结合，采取了列举的方式对检察机关可提出结论的案件详加规定。② 但是社会生活是千变万化的，故此俄联邦总检察长《关于保障检察长参加民事诉讼》命令第 4 条还进一步规定，对具有重要社会意义的争议以及结果具有重大社会意义的案件，检察机关必须参加并提出结论。而且这些案件是检察机关必须义务性参加的案件。

三、加强法院主导地位

如前所述，俄罗斯新民事诉讼法典将前苏联时期检察机关可以在任何诉讼阶段主动进入诉讼的规定，转变为其只能受法院的“邀请”而进入诉讼。而且，知道庭审的时间和地点的检察机关不参加庭审的，不影响案件的审理。对此需要说明的是：检察机

---

① А. Францифоров, “Прокурор в делах особого производства гражданского процесса”.

② Приказ Генпрокуратуры РФ “Об обеспечении участия прокуроров в гражданском судопроизводстве” от 02. 12. 2003 № 51. с4.

关未经法院通知而知道庭审的时间和地点的，也不意味着其已经参加了诉讼。既然检察机关可以应法院的邀请而进入诉讼提出结论，那么当事人是否可以邀请检察机关进入诉讼呢？从现有的俄罗斯民事诉讼立法中找不到规定，但是可以认为当事人享有这项权利。为什么这么说呢？如前所述，检察机关介入此类案件的目的就是维护当事人的权利。为更好地维护自己的权利，当事人当然可以向法院提出请求，要求检察机关进入民事诉诉讼。另外，检察机关是否可以主动要求进入诉讼呢？答案也是肯定的。但是检察机关提出了申请还有待法院的批准，如果法院认为检察机关没有参加诉讼的必要，可以驳回检察机关的申请。由此可见，检察机关参与诉讼方式的变化反映了法院在诉讼中主导地位的加强。

虽然，在上述三个方面俄罗斯民事检察结论制度表现出了一定的积极性，但瑕不掩瑜，该制度在某些方面也有待进一步的完善。比如说：如何认识检察结论的效力、以提出结论为目的的检察机关是否可以参加法庭辩论等问题都迫切需要理论上的完善和实践上的进一步深化。

第三节 我国类似制度的建立与完善

检察建议是目前司法实践中存在的一种监督方式。多年来，检察机关运用检察建议成功地解决了许多与法律监督职能相联系，需要解决但在法律上缺少具体规定的问题，为强化法律监督职能发挥了重要的作用。但是，各地检察机关在开展检察建议的过程中，普遍存在质量不高、针对性不强、程序不规范、效力不确定等问题。理论上，对检察建议的性质、地位、适用范围等问题认识不一。正视和解决检察建议工作中存在的上述问题，深入探讨检察建议法制化、规范化问题，对于完善我国检察制度，进一步强化检察机关的法律监督职能具有非常重要的意义。

一、检察建议的历史沿革

检察建议这种检察活动形式，最早出现在20世纪50年代检察机关的一般监督工作中，根据人民检察院组织法的规定，参照前苏联的经验而提出和实行。① 根据当时法律对检察职权的规定，最高人民检察院和地方检察院创立了与履行上述职权相一致的法律文书，即检察建议书、提请书和抗议书。提请书和建议书适用于要求纠正违法行为（包括违法决定、措施）的案件，抗议书适用于对违法行为提出抗议的案件。提请书和建议书的区别在于，提请书着重提出违法行为，而建议书则同时提出消除违法的意见和措施，但在执行中往往不加区别。当时，检察建议书是被大量使用的。如陕西省人民检察院在1956年上半年共发出建议书371件，提请书300件，另有向党委的报告107件。适用情形包括工矿企业、基本建设中违反劳动法令和操作规程的案件，农业合作社违反农业章程的案件和违反护林法令、保护耕畜法令的案件，公私合作企业违反税收法令和资本主义改造政策的案件，以及干部违法乱纪的案件等。② 1958年以后，随着检察机关一般监督职能的取消，检察建议这种检察活动形式也被弃置不用。

1982年12月6日，黄火清检察长在第五届全国人民代表大会第五次全体会议上作最高人民检察院工作报告时，郑重提出

---

① 王桂五主编：《中华人民共和国检察制度研究》，法律出版社1991年版，第574页。

② 杨书文：《检察建议基本问题研究》，载《人民检察》2005年第9期（上）。

“检察建议”概念。此后，检察建议在全国检察机关得到普遍运用。1983年上半年，最高人民检察院规定检察建议书的基本格式。2001年9月30日最高人民检察院第九届检察委员会第九十七次会议讨论通过的《人民检察院民事行政抗诉案件办案规则》第8章以列举的方式规定了检察建议的适用情形。检察建议书也明正言顺地成为检察机关在民事检察活动中向法院提出的法律文书之一。据有关数据统计，2003年人民检察院向人民法院提出抗诉案件13 120件，提出再审检察建议3 316件，提出再审检察建议案件数占提出抗诉案件数的25.2%。2004年上半年人民检察院向法院提出抗诉案件5 292件，提出再审检察建议1 342件，占抗诉案件数的28.9%，2005年上半年向法院提出抗诉案件4 637件，提出再审检察建议1 547件，占抗诉案件数的33.4%。[①] 从以上数字可以看出，检察建议在民事检察工作中所占比例逐年上升，已成为民行检察的重要方式。各地检察机关以最高人民检察院的规则为基础进一步细化了检察建议的适用规则。例如，无锡市于2004年8月制定的《无锡市检察机关民事行政检察案件规范化管理实施意见（试行）》中就将再审检察建议作为民行检察工作规范化建设的重要内容设专章加以规定，并具体规定再审检察建议的适用范围。2005年11月16日重庆市高级人民法院和重庆市人民检察院联合下发了《重庆市高级人民法院、重庆市人民检察院关于规范民事行政检察建议工作的若干意见（试行）》，该意见不仅划分了检察建议的种类，而且确立了检察建议的使用原则，从正反两个方面规定了检察建议的适用情形，对于检察建议的送达、受理等程序问题也作出了明确的

---

① 高立新、龚瑞：《民行检察中的再审检察建议》，载《中国检察官》2006年第5期。

规定。在实践中，检察机关除了可以向法院提出检察建议之外，还可以向其他有关单位，如银行等机关提出检察建议。在诉讼活动中，检察机关以再审检察建议为主，但不局限于再审检察建议，检察机关还可以向法院提出中止执行的检察建议。可以说，检察建议是检察机关在长期司法实践中总结出来而又行之有效的监督手段，在民事检察业务探索中被继续使用，并且收到了很好的监督实效。以上海为例，该市 2004 年各级检察机关共向人民法院提出检察建议 63 件，人民法院接受检察建议后当年审结并书面函复检察机关的 53 件，审结率 84%。采纳检察建议 45 件，采纳率为 85%。所提检察建议按原审裁判案由分，民事案件 44 件，占 70%；经济类 18 件，占 29%；行政诉讼案件 1 件。按检察建议涉及内容分，涉及原审实体内容的 32 件，占 51%；程序问题的 20 件，占 32%；二者兼有的 11 件，占 17%。①

二、设立检察建议制度的必要性

如何看待检察建议制度存在的必要性是理解和完善检察建议制度不可回避的问题。对于检察建议制度存在的必要性有学者认为，现有的民事检察监督范围狭窄，方式单一，效率低下，效果不理想，明显不能适应检察监督的现实需要，司法现状呼吁检察机关革新监督方式，而检察建议正是将法律规定的监督专门化、长效化，以弥补抗诉监督的不足，避免民事检察监督出现真空带。② 也有学者从检察建议在构建和谐社会中的作用为出发点论述检察建议制度存在的必要性。该学者认为，首先，检察建议能

---

① 上海市人民检察院：《2004 年度民事行政检察建议情况分析》，《民事行政检察指导与研究》（总第 4 辑），法律出版社 2006 年版，第 201 页。

② 刘利宁、张俊峰：《再审检察建议若干问题的探索》，载《检察实践》2005 年第 6 期。

够发挥其柔性监督的特点，有利于与法院建立良好的工作机制，在构建和谐社会中实现法律赋予检、法两家各自的职能；其次，检察建议能够节约诉讼资源，减轻当事人诉累，使民事主体的权利义务关系及早确定；最后，检察建议也是基层检察院履行民行检察职能，维护司法公正的有力手段。①

检察建议是作为法定的检察活动形式，对其存在的必要性可以从以下几个方面来加以认识：

首先，检察建议是一种柔性的监督，克服了现有的监督方式——抗诉的刚性。抗诉是检察机关以诉讼的方式对法院的判决提出异议，具有很强的对抗性。而且对于检察机关提出抗诉的案件，法院原则上都予受理。随着司法改革的不断展开，法院（法官）在司法中的作用和地位不断得到加强。具体到司法实践中，检察机关和法院在司法解释和具体执法工作中产生了一系列矛盾和嫌隙。在民事抗诉领域突出表现为检法两家就何种事项能够提出抗诉存有争议，司法人员面对两个互有冲突的司法解释处于执法两难的境地。"目前妨碍民事检察监督机制应有功能之有效发挥的主要原因在于审判本身。也就是说，从法院系统的整体层面上讲，普遍的未理顺与法律监督机关的相互关系，不习惯接受来自检察机关的民事抗诉，甚至对民事抗诉怀有强烈的抵触情绪。"② 近年来，最高人民法院多次单方面在批复中就民事抗诉的范围作出重重限制。抗诉是我国目前唯一的法定民事检察方式，改善现有局面的路径除了改革现有的抗诉制度之外，发展新的民事检察方式也是可选择的路径之一。检察建议是形成于司法

① 高立新、龚瑞：《民行检察中的再审检察建议》，载《中国检察官》2006 年第 5 期。

② 赵钢：《正确处理民事经济审判工作中的十大关系》，载《法学研究》1999 年第 1 期。

实践并在实践中不断得到充实的民事检察方式之一。其以建议书的形式建议人民法院纠正生效民事判决在事实认定和法律适用上的错误，以及在民事审判活动中因疏忽而造成的失误和瑕疵。可以说，与抗诉这种具有对抗性的监督方式相比，检察建议相对比较“柔和”，更易为法院所接受，有利于缓解检法冲突，促进他们之间的良性互动。

其次，检察建议是一种效率比较高的事前监督方式。首先，我国现行民事诉讼法确立了检察机关对民事诉讼的“事后监督”制度。即只有发现生效裁判存在错误时，检察机关才可通过抗诉实行监督。“但‘事后监督’排除了检察机关提起诉讼和在诉讼的过程中参加诉讼的可能性。这种封闭性的系统，使法院的审判行为在很大范围内失去制约。”① 而且这种“事后监督”的方式也与民事诉讼法总则所规定的“人民检察院有权对民事审判活动实行法律监督”的立法意图相矛盾。根据该法条的规定，检察机关监督的是整个民事审判活动的，而不是仅仅限于已经生效的判决。对于那些需要通过检察机关参与诉讼实施监督的案件，也只能事后进行抗诉。退一步讲，即使这种途径和方式是可行的，也会影响诉讼的效率。检察机关本来可以在生效裁判做出之前通过参与诉讼实施监督，以保障诉讼过程和诉讼结果公正，偏偏要在事后补救。而且立法尚缺乏对抗诉案件办案期限的规定，一个抗诉案件从申诉到再审往往要用上两三年的时间，这对双方当事人来说是一种现实意义上的不公正。更为重要的是，由于案件长期悬而未决，当事人的权益长期处于不明确、不稳定状态，无论案件最终判决如何，案件无限期的拖延给当事人造成的时

① 陈桂明：《民事检察监督之系统定位与理念变迁》，载《政法论坛》1997 年第 1 期。

间、精力以及金钱上的损失都是不可估量的。检察建议由检察机关直接向法院发出，减少了诉讼环节和周期，节约了司法资源，同时也减轻了当事人的讼累，是一种高效、快捷、便民的检察活动方式。

最后，赋予检察机关对非讼案件提出检察建议的权利有利于维护社会公共利益。检察机关参与民事非讼案件并对案件处理提出意见并非俄罗斯民事诉讼所特有。比如，1804 年《拿破仑法典》第一编《人》中，规定检察官为保护社会公益，就人的身份证明、结婚、离婚收养、禁治产等民事活动进行干预；必要时检察官可以提起或者参加诉讼，法院关于某些案件的裁判，须经听取检察官的意见后方能做出。① 1976 年的法国民事诉讼法典规定，检察机关可以参加涉及亲子关系、未成年人监护安排、成年人监护的设置和变更的案件，并就其中的法律适用问题提出意见。我国台湾地区 1996 年修订的《检察官参与民事及非讼事件实施要点》第 7 条规定："检察官应本于公益，依职权或申请积极参与民事及非讼事件。"② 很显然，无论是俄罗斯还是法国和我国的台湾地区，都将检察机关可以提出法律意见的案件范围限定在具有社会性的案件，其目的也是非常明显的：维护社会公共秩序，维护这些案件背后隐藏的社会利益。虽然我国历来强调检察机关对公民利益和社会利益的保护，但是实现的手段和方式比较单一，关注点集中于民事争讼案件，忽视了检察机关在非讼案件中的作用。允许检察机关对非讼案件的法律适用提出意见在反映国家对这类社会关系关注的同时，也表明了国家对这类社会关

---

① 参见：《拿破仑民法典》，李浩培等译，商务印书馆 1979 年版，第 184、190、199、200、250、253 条。

② 陈桂明：《试论民事诉讼法学的进路》，载《中国法学》2007 年第 2 期。

系的基本立场，起到一定的社会导向作用。

三、检察建议制度存在的主要问题

虽然检察建议在实践中取得了一定的效果，已成为民事检察监督的重要方式之一。随着2012年《民事诉讼法修正案》的通过，检察建议已成为法定的监督方式，但是瑕不掩瑜，检察建议还存在一些问题，制约着它的作用的有效发挥。具体而言，主要存在下述问题：

（一）效力不清，制约作用发挥

检察建议究竟会产生何种法律上的效果呢？他仅仅是一种建议，还是说他具有一定的强制性？这个问题一直困扰着法律实践者。目前法院对检察建议认识的各不相同，在很大程度上是由于他们对检察建议效力的认识造成的。在他们看来，检察建议不过是一种建议而已，并没有任何的强制性，没有任何的法定效力。无怪乎检察机关人员认为："从现实来看，法院采纳的案件，一般都是能抗诉的案件，法院之所以采纳，在很大程度上是因为检察机关有抗诉做支撑。对于调解以及在财产保全、执行中的裁定，因缺乏相应的机制做支撑，法院并不愿采纳。即使法院采纳，对这类案件的处理也往往是通过各种手段促使当事人达成执行和解，并不进入真正的内部监督程序。"① 这就是说，检察建议在某种程度上成为一种变相的抗诉方式，成为抗诉的替代品，其本身的作用并没有得到重视和发挥，检察建议更多是作为抗诉的前奏出现。

---

① 刘利宁、张俊峰：《再审检察建议若干问题的探索》，载《检察实践》2005年第6期。

（二）适用范围单一且混乱

根据最高人民检察院出台的《人民检察院民事行政抗诉案件办案规则》规定，检察机关可以向法院提出再审检察建议和向有关单位提出检察建议。该规则规定：有下列情形之一的，人民检察院可以向人民法院提出检察建议：原判决、裁定符合抗诉条件，人民检察院与人民法院协商一致，人民法院同意再审的；原裁定确有错误，但依法不能启动再审程序予以救济的；人民法院对抗诉案件再审的庭审活动违反法律规定的；应当向人民法院提出检察建议的其他情形。此外，有下列情形之一的，人民检察院可以向有关单位提出检察建议：有关国家机关或者企业事业单位存在制度隐患的；有关国家机关工作人员、企业事业单位工作人员严重违背职责，应当追究其纪律责任的；应当向有关单位提出检察建议的其他情形。从现有的规则来看，检察建议的适用范围是非常宽泛的，除了再审检察建议之外，检察机关还可以向法院提出它认为有必要的检察建议。但对于何为可提出检察建议的“其他情形”，该规则并没有一定的标准可循。向有关单位提出的检察建议也是如此。为贯彻实施最高人民检察院的办案规则，各地检察机关根据自身的情况制定了在本辖区范围内生效的检察建议实施细则。比如重庆市的《关于规范民事行政检察建议工作的若干意见（试行）》中就对检察建议的适用情形和不适用的情形作出规定，而且还规定检察机关可以提出有关改进法院民事审判工作的检察建议。各地司法实践的不统一和混乱状态从整体上破坏了检察建议制度作为一项制度在适用上的统一性、明确性、规范性，不利于检察建议制度的发展和完善。而且，从整体而言，目前检察建议在实践中以再审检察建议为主，对于正在审理中的案件检察机关无权提出检察建议。

（三）程序不规范，缺乏可操作性

无论是《民事诉讼法修正案》，还是现有的关于检察建议适用的全国性规则对于检察建议的程序问题基本没有涉及，只对检察机关建议法院再审案件的卷宗内容作出了规定。这就是说，目前在司法实践中对于检察机关在提出检察建议应当提交哪些法律文书是有规定的。但是对于法院对检察建议的反馈方式和期限问题，以及检察机关对法院反馈的回应等问题，现有的规则没有明确规定。出于实践的需要，各地检察建议适用规则对于检察建议的程序适用问题作出了相应的规定。比如《河南省郑州市中级人民法院、郑州市人民检察院关于加强审判监督、民事行政检察工作协调配合的若干意见》中就规定，法院收到再审检察建议后，由立案庭进行复查。立案庭进行复查时，一般应当组织听证审查，并通知同级人民检察院派员参加。人民法院在收到检察建议之日起的 3 个月内复查完毕。对于人民检察院提出的其他检察建议，人民法院应当及时审查，并于审查完毕后 10 日内书面函告同级人民检察院。虽然实践中对于检察建议的程序问题作出了一些规定，但是还是有些问题有待进一步的明确。比如：检察建议由哪级检察机关向哪级法院提出、法院对检察建议不予理睬或立案后消极处理时检察机关应如何应对等问题都未有明确的规定。程序的模糊性使得检察建议在具体的适用过程中处于一种不确定的状态，程序的稳定性和可预期性更是无从谈起。

综上所述，检察建议源于实践这一事实，一方面表明检察建议的存在有现实必要性，另一方面也表明检察建议还是一项非常不完善的制度，是一项正处于形成、发展状态的制度。当然，司法实践者摸着石头过河，存在这样或是那样的问题也是不可避免的。针对检察建议的发展现状，摆在理论工作者面前的任务就是如何从理论上为完善检察建议制度献计献策，为司法实践提供理论上的建议和指导。

四、我国检察建议制度的发展之路

目前在我国司法实践中存在的检察建议制度更多的是在诉讼案件中发挥作用，而且这种作用的发挥是以抗诉为支撑的。这不免使人产生这样的印象：检察建议并不是一种独立的检察活动，它只是抗诉的附属品。这对于检察建议制度自身的发展完善是致命的。事实上，抗诉和检察建议是两种相互独立的检察活动，廓清两者各自的适用范围对于完善检察机关参与民事诉讼的活动是有百利而无一害的。建立完善、有序的检察建议制度有利于保证民事检察工作的顺利进行，也有利于当事人的合法权益。检察建议制度是民事检察制度中的一项具体制度，完善我国民事检察建议制度时，应当在结合实际我国实际情况的同时，吸收、借鉴其他国家和地区成熟的民事检察建议制度的规定，构建我国的民事检察建议制度。综观世界各国的民事检察制度，俄罗斯民事检察制度与我国检察制度之间的血缘关系，使得我们在完善我国检察制度时更多地将目光投注于它，尤其是在其经过十几年的改革和实践推出全新的民事诉讼法后，对其关注更甚。检察建议制度在俄罗斯民事检察制度中是作为一项独立于抗诉制度而存在的制度，这更加促使我们将关注的焦点更多地倾向于它。前文已对俄罗斯检察结论制度对我国的借鉴意义进行了简要的论述，现结合我国检察建议制度存在的主要问题，就我国检察建议制度的完善提出比较粗浅的看法。

（一）独立化

检察建议独立化是强调检察建议是一种独立的不同于抗诉的

检察机关参与民事诉讼的方式。为什么要强调检察建议的独立性呢？主要是因为：检察建议和抗诉发挥着不同的作用和功能。首先，检察建议是一种比较“柔和”的监督方式，与抗诉较强的对抗性相比，检察建议更易为法院接受。其次，与抗诉相比，检察建议的适用范围更为广泛一些。抗诉它所针对的是已经生效的判决和裁定。而检察建议不仅仅局限于此，从国外的立法、实践以及我国的实践来看，检察建议除了适用于诉讼案件外，还可以适用于非讼案件，而且，检察建议还可以适用于处于审理中的案件。最后，从目的的角度来看，抗诉的目的是非常明显的，即改变法院的判决。而检察建议则主要是向法院提供有关案件处理的建设性意见，不具有任何的强制性和对抗性。正是由于检察建议和抗诉之间的差异，更有必要划清两者之间的界限，保持各自的独立性。

（二）明确化

检察建议适用范围明确化，其实就是要改变目前检察建议适用范围混乱、不统一的局面。为检察建议的适用范围划出一个比较明确的界限。在我国目前的司法实践中，检察建议大多以再审检察建议为主，有些地区还提出检察机关可以提出有关法院改进工作方面的检察建议。虽然最高人民检察院在《人民检察院民事行政抗诉案件办案规则》中规定，检察机关可以向其他单位提出检察建议，但从实践来看，检察机关向其他机关，如银行等单位提出的检察建议大都涉及的是涉诉案件在执行上需要其他机关配合的情形，比如检察机关建议银行冻结被执行人财产。这就是说，从适用范围来看，我国的检察建议更多的是在诉讼案件中发挥着作用。观察其他国家和地区类似的制度我们会发现，检察机关可提出法律意见的案件并不仅仅限于诉讼案件，在非讼案件、人事诉讼案件、涉及身份和亲权关系的案件中检察机关均可提出意见。俄罗斯的自不必再赘，前文已进行了比较详细的说明。法国、德国、日本以及我国的台湾地区的民事诉讼法中均有检察机关参与家事案件，并提出法律意见的规定。① 那么我国检察建议的适用范围为何呢？笔者认为，回答了下述两个问题，这个问题就迎刃而解了！

1. 检察建议是否为抗诉的前奏？该问题主要是解决检察建议是针对判决已经生效的案件还是适用于判决未发生效力的案件。由检察机关对生效的判决提出抗诉，是以前苏联为首的社会主义国家民事诉讼制度的特色之一。在前苏联时期，检察机关在由其提出的抗诉案件中可以提出结论，具有事中性。目前，根据《俄罗斯联邦民事诉讼法典》的规定，检察机关在抗诉中不能提出结论，只能在法律明确规定的案件中才能提出结论。这就说，在俄罗斯民事诉讼运行机制中，检察结论与抗诉之间是毫无关联的，两者是有着各自不同适用范围的检察机关参与民事诉讼的方式。反观我国检察建议的适用情况，检察建议更多的是在为抗诉服务，检察建议的独立性无从谈起。因此，在借鉴国外经验的基础上，结合我国实际，笔者主张确立检察建议的独立性，逐步使检察建议摆脱抗诉的藩篱。换句话说，检察机关如果对判决已经生效的案件持有异议，那么他只能通过抗诉的方式表达这种异议。

2. 检察建议是否只能在普通程序中发挥作用？既然检察建议适用于尚未审结的案件，那么这是否意味着检察建议可以适用于所有法院受理的案件呢？答案显然是否定的。除了考量检察机

---

① 参见张晓茹：《家事裁判制度研究》，中国政法大学博士学位论文，2004 年 4 月，第 82—85 页。

关精力有限的因素外，还要考量案件的性质以及检察机关提出建议的正当性问题。前文已经述及，检察机关参与民事诉讼的目的是维护公民、国家、社会的利益。只有当案件具有社会性或者是涉及公民的基本人权时，检察机关才有参与诉讼的必要。因此可以考虑从三个不同的维度规定检察机关可以提出建议的案件：首先，涉及公民基本人权的案件。认定公民失踪或是宣告公民死亡的案件；限制公民行为能力、认定公民无行为能力、宣告未成年人具有完全行为能力的案件。这些案件中所涉及的都是公民最为基本的权利，而这些权利的存续状态直接影响着公民社会生活的其他方面。其次，涉及身份关系的案件，关于丧失亲权、恢复亲权以及限制亲权的案件；有关收养关系的案件。最后，具有社会性的案件，维护公民选举权的案件；强制迁出、恢复工作、生命或健康损害赔偿等案件。允许检察机关参与上述案件，并提出有关案件处理结果的建议，能够充分保证被申请人的利益，切实体现当事人的主体地位，贯彻司法为民的理念。因此，检察建议所适用的案件不仅仅限于适用普通程序的案件，对于适用特别程序的案件检察机关也可以提出检察建议。

（三）程序化

检察建议的程序化所要解决的是与检察建议相关的程序问题。如检察建议由哪级检察机关提出、检察建议提出的时间、检察机关是否参与法庭调查和辩论、提出检察建议的检察机关能否对案件提出上诉等。

1. 检察机关进入诉讼的方式。对于可以由其提出建议的案件，检察机关是主动进入诉讼，还是受法院之邀进入呢？前文已述，在目前俄罗斯民事诉讼的运行机制中，检察机关只能是受法院之邀加入诉讼。与之类似，在法国民事诉讼中，检察机关也是根据法院的通报获悉案件正处于诉讼系属状态。民事诉讼解决的毕竟是私权纠纷，检察机关并非直接的利害关系人，其被动性显而易见。如果接到法院通报的检察机关不参加案件的审理是否会影响案件的审理呢？需要说明的是，这里的“参加”既包括检察机关派员出庭，也包括检察机关提出书面的意见说明。很显然检察机关不参加并不会影响案件的审理。因为，检察机关参与案件并不是诉讼程序展开的必要条件。

2. 检察建议提出的时间。检察建议是检察机关就某一案件如何处理而向法院提出的建议。那么，可以认为，在法庭辩论之后，法庭评议之前提出是比较恰当的。之所以将提出的时间界定在此，主要是考虑这样两方面的因素，一是，检察建议是检察机关对案件的整体性评价。二是，法庭辩论是双方当事人充分展示证据，攻击防御的主要阶段。只有经历了法庭辩论阶段，案件全貌才得以充分的展现，检察机关才能更为全面地了解案情和证据，进而得出公正的结论。

3. 提出建议的检察机关是否参与法庭调查和辩论。法国民事诉讼法规定，在法庭辩论阶段，检察机关最后发言，以提出其意见要求。这种意见要求往往是赞同法院的正确裁决。如果检察机关认为不能当场发言的，则可以要求在下一次开庭时听取其意见。在法律并不要求检察机关必须出庭的情况下，检察机关也可以向法庭提出书面的意见书。① 这就是说，法国民事诉讼法否定了检察机关实质性地参与法庭调查和辩论的可能。而俄罗斯的民事诉讼立法则回避了检察机关能否成为辩论一方的问题。学者认为，为提出结论而参加诉讼的检察机关不能论证诉讼请求、提出

① ［法］让·文森、塞尔日·金沙尔：《法国民事诉讼法要义》（下），罗结珍译，中国法制出版社2001年版，第729页。

证据。他只能向法院提出自己有关如何解决当事人之间争议的意见。① 笔者认为，检察建议是检察机关作为案件的旁观者对案件的处理提出的建议，如果其加入当事人之间的辩论，势必会打破当事人之间的诉讼平衡。因此，应当在法庭辩论终结后，由检察机关提出关于案件处理结果的意见。

4. 提出建议的检察机关能否对案件提出上诉。对于这个问题，由于对如何理解检察机关参加诉讼有不同的认识，在俄罗斯民事诉讼领域内对此有不同的声音。检察机关和法院认为，对于民事诉讼法第 45 条第 3 款的规定的案件，检察机关都有权提出上诉。为什么这么说呢？在他们看来，这类案件是法律明确规定的检察机关应当参加的案件，即使检察机关没有进入诉讼，基于维护法制统一的目的，他也有权提出上诉。② 而理论界认为，检察机关并没有采取实际行动加入诉讼，如果允许其提出上诉，则明显地违反了诉讼法理。只有参加了诉讼的检察机关才可以提出上诉。笔者认为，提出建议的检察机能否提出上诉的关键点不在于其是否参与了诉讼，这只是表面现象。该问题的核心是：既然检察机关已经就案件的处理结果表达了自己的意见，在法官自由心证和司法独立的大背景下，允许检察机关提出上诉，是否否定

① М. А. Викут, *Гражданский процесс*, Юристъ, 2004, p. 95.

② Приказ Генпрокуратуры РФ “Об обеспечении участия прокуроров в гражданском судопроизводстве” от 02. 12. 2003 № 51, c1. Информационное письмо Генеральной прокуратуры РФ от 27 января 2003 г. N 8 – 15 – 2003 “О некоторых вопросах участия прокурора в гражданском процессе, связанных с принятием и введением в действие Гражданского процессуального кодекса Российской Федерации”, c1. Постановление Пленума Верховного Суда РФ от 20 января 2003 г. N 2 “О некоторых вопросах, возникших в связи с принятием и введением в действие Гражданского процессуальногокодекса Российской Федерации”, c19.

了法院的权威。"一般认为，上诉审的功能主要包括：吸收不满、纠正事实错误、促进法律适用的统一以及巩固司法体系的合法性。"① 即通过程序自身的修复机制化解矛盾。从这个角度来看，允许检察机关提出上诉并不会损害法院的权威，是合情合理的。但从另一个角度看，似乎又有失妥当。民事诉讼是当事人的私权纷争，检察机关提出上诉其正当性何在？在此应当看到，"检察机关提出上诉不仅仅是在保护受到损害的公民个人的利益，还有公共利益"。② 也就是说，允许检察机关上诉更多是为了社会公共利益。在此需要明确这样一个问题：检察机关只能对他可以提出建议的案件提出上诉，而且，如果法院曾向法院报送案件，而检察机关并没有参与诉讼的，不得提出上诉。

① 齐树洁：《论我国民事上诉制度之重构》，载《法律适用》2004 年第 1 期。

② O. Бухтоярова, "Защита интересов неопределенного круга лиц".

第五章 民事检察制度之事后救济机制

抗诉是我国现行法律明确规定的检察机关监督民事审判活动的方式，因为其主要是对已经生效的判决提出异议，故而称其为事后救济。1991 年我国新民事诉讼法在设立抗诉制度之时，由于当时理论尚未成熟，立法比较简陋，操作性较差。近年来，随着司法改革的不断深入开展，检察机关的抗诉制度受到来自理论界和实务界的质疑。检察机关和法院在如何进行抗诉再审的具体程序和监督范围等方面存在争议和冲突，矛盾不断升级。2000 年，实务界和理论界爆发了一场声势浩大的名为检察监督和审判独立之间权力冲突的论战，但就其实质而言，这场论争涉及的是民事行政检察抗诉权存废之争。这场论争目前仍在进行。我国的民事抗诉制度是在借鉴前苏联诉讼制度的基础上形成的，在一段相对较长的时间内，抗诉曾被认为是社会主义国家民事诉讼中独有的制度。前苏联解体后，其继任者俄罗斯进行了一系列的司法改革，在民事领域的主要成果就是 2003 年生效实施的《俄罗斯联邦民事诉讼法典》。让人不解的是，新的《俄罗斯联邦民事诉讼法典》并没有废除所谓具有“社会主义”色彩的民事抗诉制度。而是在对其进行了一定的改革后保留了这一制度。本部分拟就对俄罗斯民事抗诉制度作一简要考察，对比其与前苏联民事抗诉制度之间的异同，探寻民事抗诉制度的基本价值追求，以期为我国民事抗诉制度的改革提供有益思路。

第一节　民事检察制度事后救济之历史沿革

一、俄罗斯民事检察制度事后救济机制之历史沿革

（一）前苏联时期

1. 1917—1964 年①

前苏联从建立苏维埃法院的最初时期起，就规定了依监督程序撤销法院判决的制度，即抗诉制度。在 1923 年苏俄民事诉讼法典颁布之前，1918 年 2 月 21 日颁布的《关于法院的第二号法令》，就第一次提到了成立“最高审判监督署”的问题。根据苏俄中央执行委员会和苏俄人民委员会 1921 年 3 月 10 日的决议，设立了“司法人民委员会高等审判监督署”，同时把对已经发生法律效力的判决进行再审的任务交给它。

从 1923 年《苏俄民事诉讼法典》颁布后，依监督程序对法院判决的再审就不再由行政机关而是由审判机关负责了。1925 年、1926 年、1929 年和 1930 年间陆续对审理民事案件的监督程序作出了进一步的修正，这种修正无非是扩大监督审级和有权依监督程序提出抗诉的人的范围。除了区以上各级检察长之外，凡是加盟共和国司法人民委员会和前苏联司法人民委员会、前苏联最高法院院长以及加盟共和国和自治共和国最高法院院长、中央

---

①［前苏联］В. Н. В 别里鸠根、Д. В. 什维采尔：《民事诉讼中的检察长》，王更生、卢佑先译，中国人民大学出版社 1957 年版，第 97—100 页。

法院、省法院、边区法院和州法院院长都可以依监督程序提出抗诉。由于监督审级的众多以及有权依监督程序提出抗诉的人的范围过大，民事诉讼程序不断复杂起来，民事案件久拖不结现象严重，而且破坏了法院判决的稳定性。因此，前苏联最高苏维埃于1938年通过《法院组织法》，对审理案件的监督程序作出彻底的修正。修正后，只有前苏联总检察长和加盟共和国检察长，以及前苏联最高法院院长和加盟共和国最高法院院长有权依监督程序提出抗诉。如果下级检察长依监督程序审查案件时，发现确有必要停止判决执行，提出抗诉的，只能通过信件或是电报的形式向共和国检察长或前苏联总检察长提出附理由的申请。

另外，1938年的《法院组织法》还废除了1923年《苏俄民事诉讼法典》有关依监督程序调取案件的期间的一切限制以及依监督程序提出抗诉的时间的一切限制。对于依监督程序提出抗诉的理由，1923年《苏俄民事诉讼法典》也没有详尽的列举，只是在该法第254条（二）中简略的规定："发现判决中有特别重大地违反现行法律，或显著违反工农国家或劳动大众的利益的，可以依监督程序提出抗诉。"对于如何理解"特别重大地违反现行法律"以及"显著违反工农国家或劳动大众的利益"，民事诉讼法也没有明文的规定。

2. 1964—1991年

随着1964年《苏俄民事诉讼法典》的颁布实施，民事抗诉制度也发生了一些变化，突出表现在以下两个方面：

（1）有权依监督程序提出抗诉的检察机关有所扩大。① 依据1964年《苏俄民事诉讼法典》的规定，下列检察机关有权提出抗诉：前苏联总检察长——他有权对共和国任何法院的判决、裁

① 1964年苏俄民事诉讼法典第320条对此作出了明确规定。

定和决定提出抗诉，有权对前苏联最高法院民事审判庭判决和裁定提出抗诉；前苏联副总检察长——他有权对共和国任何法院的判决、裁定和决定提出抗诉，但是共和国最高法院主席团或全体会议的决定除外；共和国的检察长和副检察长有权对本共和国任何法院的判决、裁定和决定提出抗诉，但是共和国最高法院主席团或全体会议的决定除外；自治共和国、边疆区、省、市、自治省和自治州的检察长有权对区、市法院的判决、裁定以及相应的自治共和国最高法院、边疆区、省、市法院、自治省法院和自治州法院民事案件审判庭作出的裁定提出抗诉。

（2）依照监督程序审理案件的法院被赋予广泛的权能。1964 年《苏俄民事诉讼法典》和《民事诉讼纲要》详细列举了依监督程序审理案件的法院的权能：维持原判决、裁定或决定不予变更，对抗诉不予满足；全部或部分地撤销原判决、裁定或决定并将案件发回第一审或上诉审法院重新审理；全部或部分地撤销原判决、裁定或决定并终止案件的程序或对诉讼不予审理；在原先对案件所作的几个判决、裁定或决定中维持一个判决、裁定或决定的效力；如果对案件不需要收集证据或补充审查证据，案情已由第一审法院全部或正确地查明，但在适用实体法规范上发生错误，则变更原判决、裁定或决定，或者作出新的判决而不将案件发回重新审理。

（3）立法虽然没有规定检察机关提出抗诉的理由，但是规定了法院依监督程序撤销法院判决、裁定或决定的理由。这些理由是：判决没有依据，或者严重违反实体法或是诉讼法规范。如何理解这一规定呢？前苏联学者 A. A. 多勃洛沃里斯基教授认为:① 没有适用应当适用的法律和适用了不应当适用的法律，对法律作出与法律正确含义相违背的解释，导致作出不正确的实体判决，都是严重地违反实体法的规范。所谓的严重违反诉讼法规范就是导致做出不正确判决或者使人怀疑判决不公正的违法行为。如非法组织的合议庭审理案件、侵犯法律规定案件参加人享有的权利，等等。所谓的判决无理由包括这样几种情况：法院没有全部查清对案件有意义的情况；法院认定查明了的情况没有经过案件现有的证据所证实；法院的结论不符合案件的真实情况。

3. 小结

纵观前苏联民事抗诉制度的形成与发展历程可以发现，其具有如下特点：

（1）抗诉的行使主体经历了从统一到分散，从分散到统一，再从统一到分散的过程。事实上这一过程反映了检察机关的监督权能在加强和削弱之间不停游弋的过程。加强检察机关的监督权能时，将提出抗诉的权利赋予各级检察机关，充分调动检察机关监督法院审判活动的积极性和主动性。反之，在削弱或是弱化检察机关的监督职能时，就将检察机关的抗诉权能收归中央，由前苏联总检察长和加盟共和国总检察长行使，下级检察机关行使抗诉权要经过层层审批，进而达到从程序上限制检察机关行使抗诉权的目的。

（2）细化法院在监督审判程序中的权能以及行使权能的界限。《苏俄民事诉讼法典》和《民事诉讼法纲要》对法院权能和法院撤销判决理由的规定非常好地说明了这一点。

（3）虽然1923年的《苏俄民事诉讼法典》规定了检察机关

① ［前苏联］A. A. 多勃洛沃里斯基主编：《苏维埃民事诉讼》，李衍译，常怡校，法律出版社1985年版，第436—437页。

提出抗诉的期限，但是随后的1938年法院组织法通过自身的法律条文，取消了实践中有关检察机关提出抗诉期限的规定。1964年的《苏俄民事诉讼法典》并没有提及检察机关提出抗诉的期限问题，立法者的意图是非常明显的，那就是沿用1938年《法院组织法》的相关规定，不限制检察机关提出抗诉的期限。而且，没有关于检察机关提出案件范围的限制。

(4) 无论是1923年的《苏俄民事诉讼法典》还是1964年的《苏俄民事诉讼法典》都允许提出抗诉的检察机关在再审程序中提出检察结论。

通过上述对前苏联民事抗诉制度的分析和认识，可以看出：检察机关提出抗诉无期限、理由的限制，而且在抗诉案件的审理过程中，检察机关作为监督程序的启动者依然有权提出结论。检察机关的优势地位一览无余！

(二) 俄罗斯联邦

众所周知，前苏联解体后，俄罗斯联邦并没有立即废除1964年《苏俄民事诉讼法典》，直到2003年《新民事诉讼法典》颁行的12年间，该法一直在调整着俄罗斯联邦法院的民事案件审理工作。随着2003年《新民事诉讼法典》的颁布实施，俄罗斯民事抗诉制度也悄然发生了变化。其中最为引人注目的变化是：检察机关只能对其参加审理的案件提出抗诉。与前苏联时期相比，检察机关可提出抗诉的案件范围明显受到了限制。当时，检察机关可以对任何它认为符合抗诉条件的案件提出抗诉。正如俄罗斯联邦最高法院在《有关民事诉讼法适用若干问题的规定》中所解释的那样，依据《民事诉讼法》第34条、第35条和第45条的规定而参加案件的检察机关，无论其是否参加案件的第一审程序，均可以对案件提出抗诉。很明显无论是民事诉讼法典还是最高人民法院的司法解释，都采纳了在民事诉讼中限制检察机关的角色和权能的观点。“限制检察长参与民事诉讼表明了处分原则在民事诉讼法律领域内广泛地发挥作用，检察长在民事诉讼中的监督权能受到了限制。”① 但是在此还是要注意最高法院所作的司法解释。根据该解释的规定，即使检察机关没有切实的参加民事诉讼法所规定的检察机关应当参加审理的案件，也可以对该案生效的判决提出抗诉。换句话说，只要是法律规定的检察机关可以参加的案件，检察机关都可以提出抗诉。这就涉及了如何理解《俄罗斯联邦民事诉讼法典》第 376 条第 3 款所规定的“参加（участвовал）”。участвовал 是动词 участвовать 的过去时态。动词的词汇意义表示发生（或）产生的是什么行为或状态，动词的体（时）形式表示该行为或状态如何（及何时）发生（或产生）的基本情况，行为的完成多用过去时。② 更为重要的是，участвовать 一词的语义学意义是指某主体实施某种积极的行为。③ 具体到我们所探讨的问题，检察机关参加案件的审理，意味着检察机关积极地实施了某种行为，不作为是不可能“参加”了审理的。从这个层面来看，最高法院的司法解释无疑是在扩大检察机关的权限，与现行民事诉讼法的规定是相违背的。

二、我国民事检察制度事后救济机制之历史沿革

新中国民事检察制度是从新民主主义革命根据地时期的检察

---

① Ю. В. Тихонова，“К вопрос о процессуальном положение прокурора как участник гражданского процесса”.

② 陈国亭主编：《大学俄语语法精编》（修订版），哈尔滨工业大学出版社 2000 年版，第 113 页。

③ Ожегов С. И，*Словарь русского языка*：*Ок.* 57000 *слов* Под ред. Н. Ю. Шведовой. 18 – е изд.，стереотип. – М.：Русский язык，1987，p. 92.

制度发展起来的，早在第二次国内革命战争时期，苏区工农民主政权颁布的法令中就有关于民事抗诉制度的规定。中华苏维埃中央执行委员会于1934年4月8日公布的《中华苏维埃共和国司法程序》第6条规定："任何案件经过两审之后，不得再上诉，但是检察员认为该案经过两审后，尚有不同意见时，还可以向司法机关抗议，再行审判一次。"① 与此同时，《中华苏维埃共和国中央苏维埃组织法》规定，最高法院的职权之一是审判检察员不同意省裁判部或高级军事裁判所的判决而提起抗议的案件。② 由上可见，在新民主主义革命时期形成的民事抗诉制度具有如下几个特点：第一，抗诉的理由是检察员对裁判存有不同意见，而无须任何更加具体的法定理由；第二，检察员的抗诉以一次为限。

新中国成立后，民事抗诉制度被予以继承，并不断得到完善和发展。1951年9月3日通过的《中华人民共和国人民法院暂行组织条例》和《中央人民政府最高人民检察署暂行组织条例》是新中国成立后最早涉及民事抗诉制度的两个法律。《中华人民共和国人民法院暂行组织条例》第38条第2款规定："人民检察署对人民法院的确定判决，认为确有重大错误者，得提起抗诉，请予依法再审。最高人民检察署对于最高人民法院的确定判决，也得提起抗诉，请予依法再审。"③《中央人民政府最高人民

---

① 《民事诉讼法参考资料》（第一辑），法律出版社1981年第1版，第169页。

② 参见《中华苏维埃共和国中央苏维埃组织法》第37条。转引自郑定、赵晓耕主编：《中国法制史教学参考书》，中国人民大学出版社2003年版，第376页。

③ 《民事诉讼法参考资料》（第二辑 第一分册），法律出版社1981年第1版，第53页。

检察署暂行组织条例》第3条第3款规定："最高人民检察署直接行使并领导下级检察署对各级审判机关之违法或不当裁判，提起抗诉。"① 该条例明确规定了抗诉的理由是认为已确定判决确有重大错误。

1954年9月21日通过的《中华人民共和国人民法院组织法》就民事抗诉制度作了更加明确的规定。该法第12条第3款规定："最高人民检察院对各级人民法院已经发生法律效力的判决和裁定，上级人民检察院对下级人民法院已经发生法律效力的判决和裁定，如果发现确有错误，有权按照审判监督程序提出抗议。"② 同时公布实施的《中华人民共和国人民检察院组织法》第16条③作了与《中华人民共和国人民法院组织法》第12条第3款同样的规定。与1951年通过的《中华人民共和国人民法院暂行组织条例》和《中央人民政府最高人民检察署暂行组织条例》相比，新的组织法关于民事抗诉制度的规定有如下几个变化：一是明确上级检察机关对下级法院抗诉的级别问题；二是抗诉理由从"确有重大错误"转为"确有错误"，降低了抗诉的门槛；三是将检察机关的抗诉称为"按照审判监督程序提出抗议"。此后1959年的《中华人民共和国人民检察院组织法》、1979年7月1日颁布的《中华人民共和国人民法院组织法》和《中华人民共和国人民检察院组织法》几乎未对1954年法院和检察院的组织法做出原则性变更，基本上原封不动地沿袭下来。

与此前的立法规定形成鲜明对比的是，1982年试行民事诉讼法只字未提检察机关的抗诉问题。很明显，立法者否定了检察

① 《民事诉讼法参考资料》（第二辑 第一分册），法律出版社1981年第1版，第70页。

② 同上注，第56页。

③ 同上注，第79页。

机关提起民事抗诉的权力。自1934年起延续了50年的民事检察抗诉制度暂时退出了历史舞台。1991年4月9日第七届全国人大第四次会议通过了《中华人民共和国民事诉讼法》，对1982年《中华人民共和国民事诉讼法（试行）》作了全面修订，民事抗诉制度再次登上历史舞台。与此前相关立法对民事抗诉制度的规定相比，现行民事抗诉制度有如下变化：一是细化了检察机关提出抗诉的理由，原判决、裁定认定事实的主要证据不足的；原判决、裁定适用法律确有错误的；人民法院违反法定程序、可能影响案件正确判决、裁定的；审判人员在审理该案件时有贪污受贿，徇私舞弊，枉法裁判行为的。二是立法明确规定检察机关提出的抗诉法院应当受理。2007年，为了缓解司法实践中“申诉难”的问题，第十届全国人民代表大会常务委员会第三十次会议通过《关于修改〈中华人民共和国民事诉讼法〉决定》，修改后的民事诉讼法变化之一就是：把检察机关可以提请抗诉的4种情形具体划分为13项，进一步地细化了检察机关提出抗诉的理由。具体理由是：“1. 有新的证据，足以推翻原判决、裁定的；2. 原判决、裁定认定的基本事实缺乏证据证明的；3. 原判决、裁定认定事实的主要证据是伪造的；4. 原判决、裁定认定事实的主要证据未经质证的；5. 对审理案件需要的证据，当事人因客观原因不能自行收集，书面申请人民法院调查收集，人民法院未调查收集的；6. 原判决、裁定适用法律确有错误的；7. 违反法律规定，管辖错误的；8. 审判组织的组成不合法或者依法应当回避的审判人员没有回避的；9. 无诉讼行为能力人未经法定代理人代为诉讼或者应当参加诉讼的当事人，因不能归责于本人或者其诉讼代理人的事由，未参加诉讼的；10. 违反法律规定，剥夺当事人辩论权利的；11. 未经传票传唤，缺席判决的；12. 原判决、裁定遗漏或者超出诉讼请求的；13. 据以作出原判决、裁定的法律文书被撤销或者变更的。”此外，对违反法定程序可能影响案件正确判决、裁定的情形，或者审判人员在审理该案件时有贪污受贿，殉私舞弊，枉法裁判行为的，人民法院应当再审。

综观我国民事抗诉的发展脉络，可以看到该制度始终处于不断的发展完善之中。虽然曾短暂的退出历史舞台，但无伤大局。随着时间的推移、实践经验的积累以及法学理论的不断完善，我国民事抗诉制度从粗糙、简略日益走向规范和具体，操作性不断增强。但是我国现有的民事抗诉制度并非尽善尽美，存在很多问题，而这些问题的解决有待理论研究的进一步加强和不断总结有益的实践经验。

第二节　民事检察制度事后救济之危机与挑战

20 世纪 90 年代以来，随着司法改革的不断深入，司法独立、法院中心论渐入人心。检察机关对法院的监督越来越受到否定和质疑。而且民事抗诉制度本身也非尽善尽美，尚有待完善之处。内忧外患中的民事抗诉制度有如在十字路口前不识路的司机般不知所措。1991 年，前苏联剧变，俄罗斯联邦独立。为了建立与新的国家制度相适应的司法制度，俄罗斯联邦最高苏维埃于 1991 年 10 月 24 日批准了叶利钦总统提出的《俄罗斯司法改革构想》，司法改革提上日程。该构想的总体目标是保证俄罗斯联邦在自己的领土上行使司法主权；在国家体制中确定司法权的独立地位；保护公民的自由与人权。保障法院和法官独立则成了俄罗斯司法制度改革的关键一环。“确立法院的优势地位，改变过去那种法院从属于立法机关、行政机关甚至也从属于检察机关的状况。"① 民事抗诉制度是检察机关针对法院生效判决而提出的，如何改革原有民事抗诉制度自然成为司法改革关注的焦点，在新民事诉讼法制定之时，有关检察机关参与民事诉讼的问题从没有被遗忘过。同俄罗斯的情况相似，我国自司法改革初期，由检察机关提起抗诉启动再审就备受学者们的质疑。时至今日质疑之声依然存在。而且在实践中检察机关和法院有关抗诉问题的争议和冲突也有越演越烈之势。争议之声此起彼伏，各家理由也不尽相同。那么我们应该怎样认识抗诉制度呢？

一、外患

何谓外患呢？在笔者看来，民事抗诉制度是民事诉讼中重要的制度之一，是民事诉讼理论体系中的一环，不能脱离其他民事诉讼制度来理解和把握抗诉制度。所谓的“外”指的就是民事诉讼中的其他制度。那么何为“患”呢？之所以说“患”是因为就目前抗诉制度的现状而言，尚与民事诉讼中其他制度之间存有龃龉，不能相互协调。在前苏联时期，受国家全面干预思想的影响，检察机关全面干预民事诉讼，在民事抗诉制度上就表现为，检察机关可以就任何已经生效的判决，没有时间限制的主动或者依据当事人的申请而提出抗诉。在当时的历史条件下，法院作为和检察机关一道致力于维护无产阶级专政的工具，对检察机关提出的抗诉来者不拒。前苏联解体后，对于如何认识检察机关的地位和功能，曾经有过很大的争论，就民事抗诉制度而言，由于1964年《苏俄民事诉讼法典》依然为俄罗斯联邦沿用，而且，宪法的起草者最终坚持了检察机关为法律监督机关的立场，在宪

---

① 杨亚非：《俄罗斯司法改革述评》，载《法制与社会发展》1999年第2期。

法性法律文件《俄罗斯联邦检察院机关法》中，详细地列举了检察机关在诉讼中的权能。进一步巩固和加强了检察机关在抗诉中的权力。依据该法的规定，检察长或副检察长在自己的职权范围内，依照审判监督程序向上一级法院提出抗诉，撤销原判或部分改变判决。无论是否参加案件的审理，检察长或副检察长在自己的职权范围内均有权向法院要求提取其判决、裁定或决定已生效的任何案件。审查后如发现法院判决，裁定或决定适用法律不当或证据不足，检察长应按照监督程序提出抗诉，或者向上级检察长提出。可以看出，在新民事诉讼法尚未颁布之前，俄罗斯一直沿用前苏联的规定。立法规定没能阻止学者对此发表不同的意见，自1993年民事诉讼法草案起草小组成立之日起，有关检察机关在民事诉讼中职权的探讨就从来没有停止过！前苏联解体后，俄罗斯力图建立完善的市场经济体系，这势必要求尽可能减少国家对经济的干预和介入，在民事诉讼领域，原有的国家全面干预原则自然受到限制，代之而起的是当事人主义的诉讼模式，而此时的民事抗诉制度是完全按照国家全面干预思想建立起来的，其与现代民事诉讼理论之间自然关系紧张。

（一）冲击既判力

1. 既判力理论的基本内容

既判力理论是民事诉讼的基本理论之一，按照日本学者新堂幸司的观点，终局判决一旦获得确定，该判决针对请求所做出的判断就成为规制双方当事人今后法律关系的规范，当双方当事人针对同一事项再度发生争执时，就不允许当事人提出与此相矛盾的主张，而且当事人不能对该判断进行争议，法院也不能作出与之相矛盾或抵触的判断。换言之，不允许对该判断再起争执的效力就是既判力。[①] 这就是说，既判力涵盖两个方面的内容：一是当事人不能提出与判决相异的主张，再行起诉；二是法院也不能就同一事项重复审判，作出相异的判决。既判力的本质是什么呢？目前比较主流的观点认为，既判力具有双重性质，即承认当事人作为解决纠纷的主体地位的实体侧面，又强调双方当事人在别的纠纷中攻击其实体地位时，可以基于判决的既判力阻断这种攻击的程序侧面。[②] 包括既判力主观范围、客观范围和时间范围在内的既判力的范围（界限）构成了既判力的核心问题。既判力的主观范围，解决的是既判力对何人发生效力的问题。通说认为，判决的既判力是通过拘束后诉法院的判决，从而间接限制当事人反复攻击防御的机会，因此判决既判力的主观范围仅仅限于法院和当事人（含与当事人具有相同地位的人，如实体权利义务的继承人），对没有得到程序保证的第三人不产生效力。既判力的客观范围主要是解决判决对哪些判断事项产生既判力的问题。按照一般的观点，既判力原则上以判决主文的判断事项为限，判决理由没有既判力。既判力的时间范围，即判决的既判力发生的基准时点。由于判决是以言辞辩论终结时的事实资料为基础做出的，故而判决既判力的时间范围以言辞辩论终结时为限。

2. 中俄两国判决效力的现状

《俄罗斯联邦民事诉讼法典》对法院判决的效力作出了明确规定，该法第209条第2款规定，在法院判决生效后，双方当事人、案件的其他参加人、他们的权利继受人不得根据相同的理由

① ［日］新堂幸司：《新民事诉讼法》，弘文堂平成10年，第403页。转引自［日］高桥宏志：《民事诉讼法——制度与理论的深层分析》，林剑峰译，法律出版社2003年版，第477页。

② 田平安主编：《民事诉讼法原理》，厦门大学出版社2005年第2版，第355页。

在法院提出相同的诉讼请求，也不得在另一民事诉讼中对法院已经确定的事实和法律关系提出争议。从这一规定中我们可以看出，俄罗斯的既判力理论独具特色，这表现在：

第一，既判力的主观范围，不仅仅限于当事人以及与当事人具有相同地位的人，还包括案件的其他参加人。依据《俄罗斯联邦民事诉讼法典》第34条规定，案件的参加人包括：双方当事人、第三人、检察长、请求法院维护他人权利、自由和合法利益的人或依照法典的规定参加诉讼提出结论的人员，特别程序的案件和公共利益法律关系案件中的申请人和其他利害关系人。很明显，从第209条的表述来看，所谓的“案件的其他参加人”指的是除双方当事人之外的案件参加人。这在无形中就扩大了既判力的主观范围。可以认为，参与案件的任何人都要受判决既判力的拘束。

第二，既判力的客观范围不仅仅限于已经确定的法律关系，还包括已经确定的事实。随之而来的问题是，此处的“事实”是何种事实？此处的事实应当是对案件的处理结果有决定意义的事实，即所谓的要件事实。我国的规定又是如何的呢？我国现行民事诉讼法并没有对既判力的范围问题像俄罗斯那样作出明确规定。不过有学者认为：“就既判力的主观范围而言，我国奉行既判力相对性原则，即既判力通常只及于当事人。对于既判力向第三者扩张的例外情况，虽然《民事诉讼法》以及司法解释都没有直接规定，不过有关生效判决执行力扩张的规定，可以同时视为既判力扩张的规定。”① 在既判力的客观范围上我国认同判决效力只及于判决主文的做法，而对是否赋予判决理由以既判力则

① 翁小斌：《我国民事判决既判力范围的研究》，载《现代法学》2004年第6期。

出现了反复。最高人民法院《关于适用〈中华人民共和国民事诉讼法〉若干问题的意见》中规定，以为人民法院生效判决所认定的事实，当事人无须举证。根据这一规定可以认为，作为判决理由的事实对当事人和法院是有拘束力。但是2001年最高人民法院颁布的《民事诉讼证据的若干规定》又重塑了这一规定。已为人民法院发生法律效力的裁判所确认的事实，如果对方当事人有相反证据足以推翻的，不免除当事人的举证责任。这就是说生效判决所确定的事实，在我国目前的司法实践中是否具有拘束力是附条件的，其效力处于待定状态。

3. 小结

从上述对既判力理论有关内容以及中俄两国立法现状的简要介绍中可以得出这样的结论：检察机关提出抗诉确实威胁着既判力理论。从本质上讲，既判力制度致力于维护判决的稳定性，"最鲜明、最彻底、最集中地体现了秩序是法律价值中核心的法学理念。可以说，强调程序的安定性，维护法律秩序是既判力的主要功能以及最为重要的价值内涵"。[①] 对于判决已经生效的案件，当事人不能再行起诉，法院也不能再受理同一纠纷，也不能在后诉中作出与前诉相矛盾的判决。而民事抗诉制度无疑是对生效判决效力的挑战。而且，俄罗斯民事诉讼的立法是明确规定了检察机关受判决效力拘束的。在我国，检察机关既不是当事人也不是案件参加人，似乎既判力对它没有效用，但是抗诉直接冲击着既判力制度所极力维护的判决稳定性也是不言自明的事实。但正如俄罗斯学者所指出的，"限制检察机关的权能，不仅降低法院判决的威信，而且法院的整体威信也会降低，如果致力于降低

① 张临伟：《我国民事再审制度的反思与重构》，吉林大学博士学位论文，2005年，第40页。

检察机关参与民事诉讼，那么将不利于法院判决长久的稳定性”。[①]

既然如此，为何俄罗斯和我国还要赋予检察机关提出抗诉的权力呢？前文已经述及，民事诉讼的目的是多重的，但是其核心是维护当事人和国家的利益。检察机关参与民事诉讼的目的与此是同一的。具体到民事抗诉制度，它是检察机关对已经生效的判决提出抗议，启动再审程序。其意在实现当事人私权争议的公正解决、维护法院权威和判决权威。中俄两国的民事诉讼立法都以生效判决在程序上和实体上违法作为检察机关提出抗议的理由很好地说明了这一点。也就是说，对公正的追求是民事抗诉制度存在的价值基础。“诉讼制度或程序真正永恒的生命基础在于它的公正性。”[②] 案件审结后，发现新证据或是在诉讼过程中存在重大瑕疵，是否还坚持裁判的终局性呢？在此情况下，若继续维护裁判显然是有失公正的。法院判决是国家意志的体现，体现了司法对纠纷的最终解决，涉及的是国家法律权威，既判力制度正是致力于维护法院判决权威的制度。从另一个角度来看，既判力也是正当程序本身应由的内涵，当纠纷经过当事人双方充分的攻击防御后，由中立法官所作出的裁决，具有拘束法官和双方当事人的效力，反映了程序“作茧自缚”效应[③]和判决的不可撤回性。这是否意味着判决效力的绝对化呢？正如日本学者兼子一所指出的：“判决被确定后，如仅仅因为判断不当或发现新的证据就承

---

① О. В. Мананников, “Участиепрокурора в гражданском и арбитражном процессе современных условиях”.

② 柴发邦主编：《体制改革与完善诉讼制度》，中国人民公安大学出版社 1991 年版，第 39 页。

③ 季卫东：《法律程序的意义——对中国法制建设的另一种思考》，中国法制出版社 2004 年版，第 28 页。

认当事人的不服声明，则诉讼无止境；但另一方面，从作出正确、公正的裁判的理想来说，不管什么样的瑕疵一律不准撤销已确定的判决，也是不合理的。"① 如何求得两者之间的平衡呢？其实，无论是抗诉制度还是既判力制度其目的都在于实现司法公正，维护国家法律统一和司法权威。两者之间矛盾的实质上是程序安定与个案正义之间的冲突。如果坚持程序稳定性和不可回复性，那么在某些情况下一些能够得到救济的案件不能得到救济。反之，如果片面追求个案的实体公正，则不可避免地造成程序无限反复。判决不仅仅是法院对某个具体纠纷的处理结果，它实际上是对于案件而言什么是法的宣言，是由其引起的一系列法律关系的出发点，正如王亚新教授所说："强调'法的安定性'这一价值高于对具体案件的处理结果进行事后救济的价值可以视为西欧法制和法学传统的特点之一。"② 从这个角度来看，完全有理由认为，既判力制度是构建抗诉制度的前提和基础，抗诉的理由、范围以及效力等应受其影响和制约。

（二）挑战当事人处分权

检察机关以抗诉的方式参与到诉讼中来，因其主体的国家属性，使抗诉呈现出政府色彩，而民事诉讼解决的是所谓"私权纠纷"，自然对以国家面孔出现的检察机关具有一种"先天排斥"。依据"私法自治"原则，权利主体可以自由支配自己的权利，他人无权干涉。民事诉讼处分权的享有和自主行使是当事人在民事诉讼中程序主体性地位的要求和体现。"处分原则作为法

① ［日］兼子一、竹下守夫：《民事诉讼法》，白绿铉译，法律出版社1995年版，第249页。

② ［日］滋贺秀三：《明清时期的民事审判与民间契约》，王亚新译，法律出版社1998年版，第105页。

律原则，赋予公民自由处分自己实体权利和诉讼权利的可能，在处分原则背景下，公民个人利益具有珍贵的价值，可以说处分原则是成熟市民社会和民主社会所固有的。"① 基于此，当事人可以在一定范围内选择解决纠纷的途径、方式，决定如何取舍自己的程序利益和实体利益。可以这么说，当事人的处分权是私法自治向民事纠纷解决领域的自然延伸。判决生效后，如果当事人未提出再审，意味着当事人双方已经接受了法院的判决。然而在前苏联和我国的司法实践中，对于生效的民事裁判，一旦检察机关发现"确有错误"或认为不符合法定条件，即可依法启动再审程序。更为重要的是，它不是以当事人申请为前提，换句话说，即使当事人没有甚至是不愿意提起再审，作为公权力主体的检察机关也可以通过抗诉强制启动再审程序。这充分体现了国家公权力对当事人依法享有处分自己实体权利和程序权利的处分权的不当干预。

在当事人程序主体意识不断得到加强的今天，谈论检察机关对当事人处分权的干预是否有些不合时宜呢？笔者并不这么认为，第一，处分原则是有限度的，而非随心所欲自由处分自己的权利。既然处分权是当事人享有的权利，那么同所有的权利一样，当事人不得滥用权利，不得侵害国家、社会和第三人合法权益。但是现实生活并非整齐划一，当事人也并非都严格在法律划定的界限内行使权利。既然如此，检察机关作为国家的法律监督机关，有必要在国家和社会利益受到侵害之时挺身而出。第二，我们不能不承认这样一个事实，由于社会生活的不可回复性、纠纷发生后当事人为求得利己的判决掩盖或是扭曲事实以及法官认

① С. Г. Буянский, "Прокуратура и судебная власть: Статус и соотношение компетенции".

识能力和水平的限制，作出错误判决在所难免。因此，在上诉等常规救济程序之外，有必要为当事人设置“特殊通道”。更为重要的是，在司法实践中，绝大多数的抗诉源于一方当事人的要求，其中大部分由当事人向检察机关申诉引起，少部分由人大、政府、上级检察机关转交检察机关办理。而且，即使是交办的案件也源于当事人向这些机关的申诉。[①] 据此可以认为，抗诉制度并未违反处分原则，它在某种程度上发挥着为当事人提供司法救济的功能。

但是，在此需要特别提出的是，抗诉只是民事诉讼中非常规的救济措施，处分原则作为民事诉讼的基本原则，统辖着整个民事诉讼，抗诉作为民事诉讼程序的一部分自然也要受处分原则的调整。除了涉及国家和社会利益的案件，检察机关可以主动提出抗诉外，其他抗诉案件的提出以当事人申请为限。对于双方当事人均未申诉，而且与国家利益、社会利益无关的案件，即使检察机关认为判决在认定事实和法律适用上存在瑕疵，也不能违反当事人的意愿而提起抗诉。但是，当事人的处分行为如果超出法律界限，侵害国家利益和社会利益时，检察机关主动提出抗诉是具有正当性的。比如：当事人通过诉讼的方式攫取国有资产、利用诉讼转移财产逃避债务等。

二、内忧

民事抗诉制度之所以出现今日腹背受敌的局面，除了其与民事诉讼中其他理论和制度之间存有龃龉外，其自身的不完善也是不可忽视的一个原因。具体制度的设置直接取决于占主导地位的

① 2006年12月笔者曾在某区检察院实习，该院2004—2006年共办理民事抗诉案件75件，这些案件均源于当事人的申诉。

理论的影响。在前苏联时期，受国家全面干预思想的影响，检察机关全面干预民事诉讼，在民事抗诉制度上就表现为，检察机关可以就任何已经生效的判决，没有时间限制的主动或者依据当事人的申请而提出抗诉。我国的民事抗诉制度直接脱胎于前苏联，两者如出一辙。下面就抗诉制度自身存在的问题作一简要论述。

（一）事后救济案件范围、次数无限

无论是前苏联民事诉讼法还是我国的民事诉讼法对检察机关可以提出抗诉的案件范围都没有明确的限制。原则上检察机关可以对一切生效判决提出抗诉。加之检察机关提出的抗诉法院应当受理的规定，无形中扩大了检察机关对法院的影响力和控制力。更为重要是，不限制可抗诉的案件范围，存有检察机关滥用抗诉权的隐患。在实践中要检察机关调取法院所有生效判决的案卷，审查其是否有违法之处，是不现实的。更何况抗诉只是检察机关若干职能中的一部分。2003 年生效实施的《俄罗斯联邦民事诉讼法典》将检察机关可以提出抗诉的案件限定在其参加了审理的案件，立法者限制检察机关在民事诉讼中权能的意图昭然若揭。抗诉制度中的另一个“无限”是检察机关抗诉的次数。检察机关就同一案件究竟可以提出几次抗诉，现有的法律是没有明确规定的。这就说，就同一案件检察机关可以无限次地提出抗诉，即使案件曾经提出抗诉，并已再次审结，只要检察机关认为有抗诉的必要，还可以再次抗诉。这两个“无限”直接导致在实践中，检察机关可以就同一案件提出无限次抗诉，对所有案件提出抗诉，浪费本已紧张的司法资源。而且，这两个“无限”是造成目前检、法关系紧张的主要原因。检察机关和法院有关抗诉案件的批复中所涉及的问题大都是关于抗诉案件的范围和抗诉

次数的。① 之所以会出现两个“无限”，除了与国家全面干预思想有关外，也与追求案件实体公正、纠正错误判决的思想息息相关。

（二）欠缺事后救济保障机制

第一，抗诉程序虚无。

抗诉程序虚无意指在生效的民事诉讼法立法中看不到有关抗诉案件如何审理的程序规定。例如，法院对检察机关提出抗诉的案件如何受理、审查、庭审以及审理的期限等问题均无立法规

① 例如：(1) 1995 年 8 月 10 日《最高人民法院关于对执行程序中的裁定的抗诉不予受理的批复》。(2) 1995 年 10 月 6 日《最高人民法院关于人民检察院提出抗诉按照审判监督程序再审维持原裁判的民事、经济、行政案件，人民检察院再次提出抗诉应否受理的问题的批复》。(3) 1996 年 8 月 8 日，《最高人民法院关于检察机关对先予执行的民事裁定提出抗诉人民法院应当如何审理的批复》，称检察院的监督为“事后监督”，法院对此类抗诉予以退回。(4) 1996 年 8 月 13 日，《最高人民法院关于在破产程序中当事人或人民检察院对人民法院作出的债权人优先受偿的裁定申请再审或抗诉应如何处理问题的批复》，称法院对此类抗诉不予受理。(5) 1999年 1 月 26 日，《最高人民法院关于人民检察院对民事调解书提出抗诉人民法院应否受理问题的批复》，该批复作缩小解释，称检察院的此类抗诉“于法无据”，法院不予受理。需要指出的是，1993 年 3 月 8 日的《最高人民法院关于民事调解书确有错误当事人没有申请再审的案件人民法院可否再审的批复》，则作扩大解释，赋予法院主动进行再审的权力，称“人民法院根据民事诉讼法的有关规定精神，可以按照审判监督程序再审”。(6) 1999年 6 月 30 日《最高人民法院研究室关于人民法院不受理人民检察院就移送管辖裁定提出抗诉的答复》。(7) 2000 年 6 月 30 日，《最高人民法院关于人民检察院对撤销仲裁裁决的民事裁定提起抗诉人民法院应如何处理问题的批复》，称“检察机关对发生法律效力的撤销仲裁裁决的民事裁定提起抗诉，没有法律依据，人民法院不予受理”。(8) 2000 年 6 月 30 日，《最高人民法院关于如何处理人民检察院提出暂缓执行建议问题的批复》，称“人民检察院对人民法院生效民事判决提出暂缓执行的建议没有法律依据”。

定。在我国无论是《民事诉讼法》还是最高人民检察院颁布的《最高人民检察院关于民事审判监督程序抗诉工作暂行规定》（已失效）和《人民检察院民事行政抗诉案件办案规则》均未就检察机关抗诉的程序作出比较明确的规定。只是在《最高人民检察院关于民事审判监督程序抗诉工作暂行规定》（已失效）和《人民检察院民事行政抗诉案件办案规则》中，对检察机关如何受理、立案以及审查抗诉案件作出了规定，而对于抗诉案件进入诉讼程序后如何运行，并没有立法可循，而是套用一审、二审程序的规定。这种立法现状让人产生这样一种感觉：抗诉就是检察机关的事情，法院与此无关。之所以会出现这种状况在很大程度上是中俄两国长期以来重实体轻程序思想作祟。检察机关可以提出抗诉这一事实就说明了实体真实在民事诉讼中的重要地位。抗诉程序虚无导致司法实践中，各地做法不一，严重影响了法律统一。更为重要的是程序虚无导致检、法两家良性互动机制的缺失，民事抗诉案件的处理程序将始终处于待定状态。很显然，无统一的程序运行规则使得抗诉案件在司法实践中无规则可循，缺乏可操作性，缺少必要的程序保障。这对于民事抗诉制度的发展完善是有百害而无一利的。

第二，抗诉缺乏相应的制度配置。

这里所说的制度配置主要是指检察机关向法院调取判决已经生效的案件的案卷、调查取证等制度。俄罗斯民事抗诉制度自其建立之日起，检察机关就享有向法院调取生效判决案卷的权利。1923 年《苏俄民事诉讼法典》第 254 条和 1964 年《苏俄民事诉讼法典》第 322 条均明确规定了检察机关从法院调取案卷，以便决定是否有理由依审判监督程序提出抗诉的问题。而且法院对检察机关调取案卷的要求不能拒绝。在它们看来，调取案卷是检察机关发现法院判决违法之处的第一步。2003 年的《俄罗斯民事诉讼法典》虽然没有直接规定有关检察机关调取案卷的制度，但是从该法第381条有关拒绝调取案卷的规定来看，提出抗诉的检察机关还是享有调取案卷的权利的。《俄罗斯新民事诉讼法》在隐晦地保留了检察机关调取案卷的权利的同时，又将是否能够调取的决定权交由法院。这从一个侧面再次印证了法院独立日益加强。反观我国，民事诉讼法在规定民事诉讼证据来源时，只规定了当事人举证和法院查证，并未赋予其他机关调查取证权。在规定检察机关抗诉事项时，也未赋予调查证据的权力。可见检察机关调查取证，在我国目前尚无法律依据。只是在《人民检察院民事行政抗诉案件办案规则》中对检察机关的调查取证作出了一些原则性的规定。

（三）救济客体范围不清

抗诉客体是指检察机关提出抗诉的对象。在前苏联时期，根据《民事诉讼法》和《民事诉讼法纲要》的规定，检察机关可以对已经发生法律效力的判决、裁定以及决定提出抗诉。1964年《苏俄民事诉讼法》第319条明确规定："对于法院已经发生法律效力的判决、裁定和决定，检察机关均可以提出抗诉。判决是法院实体解决案件的裁判，其中包含着法院对所审理案件的基本问题所作的答复；裁定是法院对诉讼过程中产生的所有其他问题做出的答复；① 决定是上级法院对一审法院的裁判是否合法和

---

① 法院的裁定多种多样，大致可以分为：以争议和解而中止诉讼的裁定、阻止诉讼法上或者不予审理或不予调整争议而结束案件的裁定、保证在第一审法院解决案件以前诉讼正常进行的裁定、关于制作判决和执行判决的裁定、法院根据申请作出的关于根据新发现的情况重新审理的裁定以及对一些越出该案件范围的问题可作出的局部裁定。参见［前苏联］A. A. 多勃洛沃里斯基主编：《苏维埃民事诉讼》，李衍译，常怡校，法律出版社1985年版，第280—282页。

有无根据而作出的。"① 可以说，在前苏联时期检察机关可提出抗诉的范围是非常广泛的，可以对法院作出的任何裁判提出抗诉。这种状况一直持续到 2003 年《俄罗斯联邦新民事诉讼法典》的实施。从《新民事诉讼法》第 41 章有关监督审程序的规定中可以看出，立法者缩小了检察机关抗诉的范围，仅限定在判决和裁定，而将决定排出在外。该法第 376 条第 3 款规定，检察机关的公职人员有权对已经发生法律效力的法院判决和裁定向监督审法院提出要求再审的抗诉。

我国检察机关可提出抗诉的范围经历了不同的发展阶段。自新民主主义革命时期至 1954 年间，我国检察机关只可以对法院作出的判决提出抗诉。1954 年 9 月 21 日通过的《中华人民共和国人民法院组织法》将法院生效的裁定纳入抗诉的范围，这一规定一直延续至 1982 年。1982—1991 年间，由于试行民事诉讼法并没有赋予检察机关抗诉的权力，抗诉的范围也就无从谈起。随着 1991 年《民事诉讼法》的生效实施，检察机关抗诉再次成为民事诉讼的组成部分。在抗诉范围上回归到 1954 年之前立法的规定，即检察机关可对法院已经生效的判决提出抗诉。2007 年 10 月 28 日第十届全国人民代表大会常务委员会第三十次会议通过的《关于修改〈中华人民共和国民事诉讼法〉决定》，虽然重点是完善民事诉讼中再审程序和执行程序，但只是细化了检察机关提出抗诉的理由，对于抗诉的范围问题只字未提。这将导致目前已经存在的检、法之争仍将继续。

① ［前苏联］A. A. 多勃洛沃里斯基主编：《苏维埃民事诉讼》，李衍译，常怡校，法律出版社 1985 年版，第 258 页。

第三节　民事检察制度事后救济机制之发展与完善

面对民事抗诉制度的内忧外困，如何改革现有制度是不可回避的问题。对于是否保留检察机关抗诉，无论是俄罗斯还是我国都存在着较大的分歧，可以说是当前民事再审制度中争论最多也最为激烈的问题。下面就中俄两国抗诉制度的完善作一简要介绍。

一、俄罗斯事后救济机制对前苏联的继承与发展

前苏联解体后成立的俄罗斯联邦，在经济上主张改变前苏联计划经济体制建立市场经济体制，并着手实施了一系列的改革措施。国家从经济活动的主体演变为经济的守护人，市民和各种社会组织成为了经济活动的主体。反映在法律领域就是国家对社会生活和公民私人事务的干预程度不断降低。随着市场经济和民主政治的发展，具有明显职权主义倾向的《苏俄民事诉讼法典》已不能适应经济结构和社会结构的变化，对原有民事诉讼法典的修修改改不足以弥补法典与社会生活之间的裂痕，制定一部新民事诉讼法典势在必行。很显然，将与计划经济体制相适应的职权主义诉讼模式移置于市场经济体制的环境中其不适应性是非常明显的。在市场经济条件下，民事权利主体对自己权利的处分才具有现实性和可能性。与之相一致，在解决民事权利纠纷的诉讼程序中，民事权利主体的处分行为应当得到充分的尊重。因此，建立当事人主义诉讼模式成为了俄罗斯民事司法改革的必然选择。在这一诉讼模式影响之下，处分原则和辩论原则成为民事诉讼的基本原则已成为不可逆转的历史潮流。俄罗斯联邦

检察机关从前苏联时期的监督者转变为现时的程序参与者，也是历史的必然。

（一）保留检察机关事后救济之权利

虽然1992年生效的《俄罗斯联邦检察机关法》放弃了检察机关对法院审判活动合法性监督的观点，但是该法律文件同时指出：检察长可以依据俄罗斯联邦诉讼法的规定参与法院对案件的审理；可以对法院违反法律的判决、决定和裁定提出抗议。在新民事诉讼法起草过程中，有关检察长在民事诉讼中的地位问题备受关注，是法典起草小组关心的主要问题之一，涉及它的争议一直没有停止过。① 总体而言，学者们的观点大体可分为两类：一是限制检察长在民事诉讼的权力；二是扩大检察长在民事诉讼中的权力。主张限制检察长权力的学者认为：必须废除检察长在任何阶段进入诉讼、对任何民事案件提出结论、提出上诉、抗诉等诉讼特权，因为检察长的这些权利破坏了辩论原则和权利平等原则。进而主张在民事诉讼中撤销检察长。而反对者在承认民事诉讼中应当确立辩论原则和处分原则的基础上认为，考虑到目前俄罗斯财产分层导致的当事人之间事实上的不平等，有必要允许检察长参加到民事诉讼中，只有这样辩论原则和处分原则才能得到真正的实现。正如实践所显现的，低收入者、老年人、残疾人包括心理疾病，他们没有在律师或法律咨询处获得帮助的可能，他们没有钱，如果剥夺他们向检察机关提出保护请求的权利，其权利则无从谈起。② 此外，保留该制度也是司法实践的需要，基层

① Степина Л，“Проект ГПК РФ и роль прокурора в гражданском судопроизводстве”，*Законность*，2001，N7.

② Г. химичева，“Не ограничивать права прокурора в гражданском процесс ”.

法院的裁决不可避免地会出现各种错误，监督审判程序可以有助于消除这些错误和有利于维护司法的统一性。最终，在民事抗制度的问题上新民事诉讼法采取了折中的观点：在允许检察机关提出抗诉的同时，限制了其行使。

（二）限定检察机关事后救济之范围

现在俄罗斯学者普遍认识到，民事诉讼法在更大程度上是私法，而非公法，因此，在诉讼关系中就应当降低国家对当事人行使自己权利的监督作用。① 在现代俄罗斯市场化进程中，随着私有化的开展，大量私有经济出现，人们已经越来越强调自身的权利和利益应得到法律保护，不受他人的干预。而保护自身权利的重要手段——提起诉讼也同样不应受到他人的干预。前苏联时期的处分原则在此显然是没有市场的。社会的发展客观上需要立法者改变原有的当事人在法院和检察机关监督之下的处分行为，使当事人能够充分自由的行使权利。在笔者看来，正是处分原则的变化促使《俄罗斯民事诉讼法典》限制检察机关抗诉案件的范围，将其限定在检察机关参加了审理的案件，而非像前苏联那样检察机关可以对所有的案件提出抗诉。

二、俄罗斯事后救济机制改革之借鉴意义

我国检察制度，虽然其直接渊源于前苏联检察制度，但是不是对前苏联检察制度的简单模仿和全面照搬。特别是在 20 世纪 80 年代以后，我国检察制度开始尝试着走一条有中国特色的检

① ［俄］B. 朱伊科夫：《民事诉讼法典的修订是必要的》，载《法制》1996 年第 3 期。转引自徐青森：《俄罗斯民事诉讼立法改革》，载《诉讼法论丛》（第 4 卷），法律出版社 2000 年版，第 418 页。

察监督道路，在民事诉讼中形成了以抗诉为主要监督方式的民事检察制度。而在实践中这种监督方式正在受到越来越多的质疑和否定，如何完善这种监督方式以及如何在新的时代背景下构建我国民事检察制度成为摆在理论工作者和实务工作者面前不可回避的问题。改革之前的俄罗斯民事抗诉制度与我国的民事抗诉制度面临着相似的境遇，理性的分析俄罗斯民事抗诉制度的变革对于完善我国民事抗诉制度可谓大有裨益。

（一）以处分原则为出发点

事实上，俄罗斯民事抗诉制度的改革是以尊重当事人主体地位为基本主线的。严格限制检察机关提出抗诉的案件范围，并且限定在检察机关参加了审理的案件。这在充分尊重权利主体处分行为的同时也有效地保护国家、不确定范围的人以及社会弱势群体的利益。一方面，检察机关不再对所有的案件都可提出抗诉。对于法律限定范围之外的案件是否提出抗诉由当事人自行决定，体现了对当事人自由处分权的尊重。另一方面，民事诉讼法明确规定的检察机关可以参加审理的案件范围只限于它参加了审理的案件，允许检察机关对这类案件提出抗诉的理由和允许检察机关参与这类案件的理由如出一辙：维护其中的国家、社会公共利益以及弱势群体利益。

（二）明确法院权能

无论是前苏联时期的民事诉讼法还是现今的俄罗斯联邦民事诉讼法都对监督审理法院的权能作出了明确的规定。如此规定有两个方面的考虑，第一，明确法院权限的界限，划定了法院行使权利的边界。而这在笔者看来是为法院行使权利提供了法律上的保障。而且立法者规定法院的权能本身也说明了法院在抗诉案件中的独立地位。第二，从检察机关的角度来看，明确法院在抗诉案件中的权能从反方向上表明了检察机关在抗诉案件中不能行使的权能。事实上明确法院和检察机关在抗诉案件中的权能对于保障法院在抗诉案件审理中的独立性，以及检察机关在抗诉案件中的规范性都是非常有益的。

（三）程序规定完善

俄罗斯现行的民事抗诉制度在程序设置上与此前的抗诉制度相比较而言是非常完善的。主要涉及以下方面：提出抗诉的程序，规定生效判决的抗诉审法院、抗诉书的内容、提出抗诉后监督审理法院的行为、不进行实体审理而发还抗诉书的情形、抗诉案件的审查以及不同的处理情况、抗诉审理的期限、抗诉审理案件的调取裁定、对案件进行实体审理的裁定、拒绝对案件进行实体审理的裁定、抗诉案件的审理程序以及监督审理法院有关案件审理结果的裁定等。从上述内容可以看出，俄罗斯民事诉讼法基本上对抗诉案件中可能出现的情况都作出了规定，这些内容基本上涵盖了抗诉案件审理中可能涉及的问题。更为重要的是《俄罗斯民事诉讼法》并非简单概括性地规定这些内容，而是非常详细地加以阐述。例如，立法细化了法院作出的裁定的内容、列举了生效判决的抗诉审理法院等。严格完善的审理程序有助于抗诉制度作用的发挥，以及在案件审理过程中法院和检察机关关系的协调，两者不再任意而为，而是依据法律的规定安排自己的行为，客观上有助于法院和检察机关之间良性互动机制的生成。

三、我国事后救济机制之完善

我国现行民事诉讼法只简单规定了检察院的民事抗诉权能和法定事由，而没有具体规定其权力的法律基础、法律地位、操作程序等具体内容。因此，造成检察院在民事再审程序中处于尴尬境地。司法实践中，检、法两家在法院能否以某种理由、某种方式驳回民事抗诉、能否继续就相同理由再次抗诉、抗诉应否有期限或次数限制、应由哪级检察院向哪级法院抗诉以及检察人员在再审法庭上的名义和座位等问题都持不同的，甚至是截然对立的观点。如何改革和完善现有的抗诉制度成为理论界和实务界争论激烈的问题。

（一）事后救济存废之争

面对民事抗诉制度在立法上和实际运作中存在的种种问题，民事抗诉制度的去留引起了理论界和实务界的激烈争论，观点林立，莫衷一是。概而言之，大致有三种观点：废除论、加强论和限制论。

1. 废除论。① 该理论认为对民事诉讼实施检察监督有悖法理，应当予以取消。主要依据如下：首先，强化检察机关对法院民事活动的监督权，弱化了审判独立，从而损害了法院审判权的权威性，危及司法公正及社会正义。其次，检察机关行使再审抗诉权侵害了当事人的处分权，有悖于民事诉讼的处分原则。再次，再审抗诉使检察机关完全站在了一方当事人的立场上，破坏了当事人双方地位的平等性，违背了现代民事诉讼的基本规律——当事人平等抗辩原理。最后，检察机关的抗诉，尤其是对同一案件的多次抗诉，损害了法院的终审权，增加了诉讼成本，

---

① 黄松有：《检察监督与审判独立》，载《法学研究》2000年第4期；景汉朝、卢子娟：《论民事审判监督程序之重构》，载《法学研究》1999年第1期；刘荣军：《民事诉讼法律关系理论的再构筑》，载《民商法论丛》（第9卷）；方如初：同前注125；夏克勤：《推进我国司法改革的几点思考》，载《法学》1998年第2期。

降低了诉讼效率。

2. 加强论。[①] 加强论针对废除论的观点进行了全面的驳斥和批判。主张该观点的学者认为，在我国现阶段不应当弱化或取消民事抗诉，而是恰恰相反，应当加强和完善民事抗诉制度。首先，检察机关的抗诉不仅不会损害法院的独立和权威，而且有利于司法独立的早日实现。审判独立并不意味着不能甚至于不得对审判权进行监督，审判权必须接受人民代表大会和检察机关的监督，否则绝对的权力必然导致绝对的腐败。其次，检察机关的抗诉与民事诉讼中的处分原则并非是“水火不相容”。在民事诉讼中，当事人享有广泛的处分权，但其处分权并不是绝对的，在当事人损害国家利益或第三人利益时，检察机关可以进行干预。同时，在实践中，检察机关提起抗诉几乎百分之百是基于当事人的申诉，检察机关极少主动提起抗诉，因而基本不存在侵害当事人处分权的情况。最后，错案是客观存在的。虽然由于判断案件的事实和法律标准具有不确定性，一个案件也可能不只有一种唯一的正确判决，但并不能因此而否认法官不会判错案，因为任何判决都只能依据法律进行，凡是违背法律的判决和裁定，就是错误的判决和裁定。

3. 限制论。[②] 该观点认为应当限制检察机关抗诉的案件范围，即检察机关只对涉及国家利益和公共利益或社会利益的案件

---

① 杨立新：《民事行政诉讼检察监督与司法公正》，载《法学研究》2000年第4期；李浩：《民事再审程序改造论》，载《法学研究》2000年第5期；高建民：《论民行检察监督制度的法理基础》，载《检察日报》2000年5月19日；张晋红：《对取消与弱化民事抗诉制度的几点质疑》，载《国家检察官学院学报》2004年第3期。

② 张卫平：《民事再审：基础置换与制度重建》，载《中国法学》2003年第1期；章武生等：《司法现代化与民事诉讼制度的建构》，法律出版社2000年版，第578—583页。

提起抗诉，而对不涉及国家和公共利益的一般民事案件不能发动再审。理由主要有：首先，检察机关参与涉及公共利益的民事案件不违背民事诉讼法理，符合国际惯例。虽然在民事诉讼中要尊重当事人的处分权，但对于一些涉及公共利益的民事案件，为防止当事人假维护私权之名义损害公共利益，检察机关有必要代表国家公权进行干预。其次，目前侵蚀国家利益和公共利益的现象十分严重，造成的国有资产流失已达到了触目惊心的地步。检察机关作为专门的法律监督机关，对涉及公益的案件行使民事检察监督权，具有现实紧迫性，不仅能维护国家公共利益，而且有利于发现犯罪分子、惩治腐败等丑恶现象。最后，近年出现了大量的现代诉讼，这类诉讼并非完全是私权纠纷的解决，它还肩负着形成社会公共政策的神圣使命。让检察机关参与该诉讼，使其在社会公共政策的形成中发挥作用，不失为一个很好的考虑。

笔者赞同第三种观点即限制论。主要理由在于检察机关提出抗诉的目的如同其参与民事诉讼的目的一样，维护国家、社会的公共利益。正如主张限制论观点的学者所指出的："尽管在市场经济条件下，民事诉讼是以诉讼主体对其民事权益可自由处分、奉行当事人主义诉讼模式为极轴运行的，但不少属于公民主体之间民事纠纷的案件（如婚姻、公害等）均涉及公共利益。"① 如果国家对其中涉及的公共利益置若罔闻，允许当事人无限制的处分，有可能导致当事人借维护私权之名行侵害公共利益之实。检察机关作为行使监督权的国家法律机关，无疑是代表国家公权力干预特定民事诉讼的最佳选择。

① 章武生等：《司法现代化与民事诉讼制度的建构》，法律出版社2000年版，第578页。

(二) 完善之具体构想

面对我国民事抗诉制度的内忧外困，改革现有的制度设计是必然的选择。如何改革呢？笔者的改革建议其实质就是以前文所述的检察机关、法院、当事人之间关系为主要依据的。具体而言：

1. 主体

正如笔者在前文对民事诉讼中检察权与诉讼当事人诉权关系的分析中所指出的，检察机关介入民事诉讼可能侵犯当事人诉权，因而应当对其介入采取适当的限制措施。由于民事抗诉程序的启动是对诉讼当事人已平息的纠纷重新提请裁决，对诉讼双方的权益影响极大，因而应对此程序的启动严格限制。那么如何设置这一限制呢？众所周知，民事诉讼是解决当事人之间纠纷的手段，而且如前文所指出的，检察机关参与民事诉讼是为了保障当事人的利益。因此，原则上非经诉讼当事人申请，检察机关不得主动依职权启动抗诉程序。作为这一原则例外的是，如果检察机关明知法院的审判活动已经违反了法定程序，或者在其他案件的处理过程中，发现某一具体案件符合再审的形式条件，严重危害了国家利益或社会公共利益，为充分保障当事人的合法权益，检察机关应当告知该案当事人相关的诉讼权利（如提出申诉等）。如当事人仍未提出申请，检察机关可以自行提起抗诉审查程序。如此规定，既体现了当事人的诉权和检察权之间的相互制约，也体现了当事人的诉权和检察机关的检察权对法院审判权的监督和制约。

由此引出的一个问题是检察机关对当事人申诉的审查。对于这一问题，2001 年 9 月 30 日最高人民检察院第九届检察委员会第七次会议讨论通过的《人民检察院民事行政抗诉案件办案规则》已作出较为详尽的规定。但囿于办案规则本身的效力层级，有必要在未来的民事诉讼法中或者是检察机关组织法中对这一问题做出规定，提高立法等级。

2. 范围

检察机关抗诉的范围在某种程度上代表着国家对当事人私权的干预程度。《俄罗斯民事诉讼法》将检察机关提出抗诉的案件范围限定在其参与了审理的案件，而从该法有关的规定来看，检察机关可参与的案件范围大都涉及国家、社会利益或者是与公民的生活息息相关。但是实际上，由于检察机关精力上的限制，不可能参与所有涉及国家、社会利益的案件。倘若不赋予检察机关提出抗诉的权利，将使其处于非常危险的状态，而这显然不是国家希望看到的。故而，笔者认为，检察机关抗诉的案件范围可限于涉及国家和社会公共利益的案件，而不是仅限于其参与了审理的案件。

与此相关的一个问题是，对于当事人未上诉的案件，判决生效后能否提出抗诉。一般而言，上诉是当事人维护自己权利的常规救济方式，放弃上诉或者是撤回上诉都意味着当事人放弃了法律规定的救济机会。这充分体现了民事诉讼中的当事人处分原则，其可以自由决定是否对案件提出上诉，他人无权干涉。在一审判决生效后，当事人再向检察机关提出申诉，要求其提出抗诉，不免让人怀疑当事人此举的正当性。在我国检察机关提出抗诉是不缴纳诉讼费用的，而上诉是要缴纳诉讼费用的，这在某种程度上促使当事人回避上诉，待判决生效后提出申诉。从诉讼经济和程序稳定的角度来看，应当不允许未上诉的案件提出抗诉。而且，这样规定也可以预防当事人滥用申诉的权利，促使其在通常的程序之内维护自己的权利。

3. 理由

于2008年4月1日生效的民事诉讼法修正案其主要变化之一就是，民事抗诉的理由由原有的4项细化为13项。分析这些规定可以认为，从立法的角度来看，我国抗诉制度的理由已经由注重实体转向程序与实体并重。此前的民事诉讼法中有关抗诉理由的规定基本上集中于实体方面。虽然其中有一项是法院违反法定程序可以抗诉，但是也仅限于“可能影响案件正确判决、裁定”的程序错误。抗诉理由重实体的倾向非常之明显。修改后的民事诉讼法将原判决、裁定认定事实的主要证据未经质证的；对审理案件需要的证据，当事人因客观原因不能自行收集，书面申请人民法院调查收集，人民法院未调查收集的违反法律规定，管辖错误的；审判组织的组成不合法或者依法应当回避的审判人员没有回避的；无诉讼行为能力人未经法定代理人代为诉讼或者应当参加诉讼的当事人，因不能归责于本人或者其诉讼代理人的事由，未参加诉讼的；违反法律规定，剥夺当事人辩论权利的等程序方面的瑕疵作为检察机关提出抗诉的理由，重实体轻程序的痕迹日渐消失。

4. 程序映像

(1) 抗诉的级别问题。依据我国现行法律的规定，只有上级检察机关才有权抗诉下级人民法院的裁判，这种“上抗下”的制度模式使得抗诉案件在各级检察院的分布呈“倒金字塔”形，越是级别高的检察院承受的抗诉任务越重。另外，检察机关提出抗诉后由哪一级法院对案件进行审理也没有相应的法律规定。我国《民事诉讼法》第187条规定，地方各级人民检察院对同级人民法院已经发生法律效力的判决、裁定，发现有法律规定的抗诉情形之一的，应当提请上级人民检察院向同级人民法院提出抗诉。可以说在某种程度上我国现行法律的规定的也是

“同级抗”的制度模式，只不过都是上级罢了。从监督的本意来看，有上级检察机关对上级法院提出抗诉，意在双关。督促上级检察机关监督下级检察机关的工作，加强上级法院对下级法院工作的指导。这一立意在司法实践中并没有得到有效的贯彻。实践中，检察机关提出抗诉后，上级法院几乎都是以裁定或函转的方式将案件交给作出被抗诉裁判的法院审理。为此本着提高检察工作效率、方便抗诉的原则应实行抗审同级。即由与提出抗诉的检察机关同级的法院对案件进行再审。立法条文可以这样表述：最高人民检察院对各级人民法院已经发生法律效力的判决、裁定，上级人民检察院对下级人民法院已经发生法律效力的判决、裁定，经申请审查发现具有应当抗诉情形之一的，应当按照审判监督程序向同级人民法院抗诉，由同级人民法院再审。地方各级人民检察院对同级人民法院已经发生法律效力的判决、裁定，发现有法律规定的抗诉情形之一的，应当提请上级人民检察院向同级人民法院提出抗诉，由同级法院再审。如此规定一方面改变现实司法实践中存在的同一法院对同一案件不断重复审理的局面，节约司法资源。另一方面，由上级检察机关提出抗诉和由上级法院再审案件更符合监督的本意。

（2）法院对抗诉的审查。前文已经述及，参与民事诉讼的检察机关与法院之间是相互监督和制约的。检察机关提出抗诉本身就体现着检察权对审判权的监督，而法院依据法律的规定对检察机关提出的抗诉进行审查则体现了审判权对检察权的制约。这就是说，并非所有向法院提出抗诉申请的案件都能进入抗诉程序。因此，应当有必要通过立法明确规定法院审查抗诉案件的程序。这一程序的主要任务是审查抗诉书的内容决定是否立案。抗诉书作为检察机关向法院提交的法律文书，一般应当包括以下内容：接受抗诉书的法院名称、提出抗诉的检察机关、其他案件参加人的姓名、名称、住所地、一审法院和二审法院以及它们所作出的判决的内容、被提出抗诉的法院判决、法院违反法律的事实、提出抗诉的检察机关的请求等。法院接到检察机关的抗诉申请书后，由1名法官进行审查。该法官应当在自法院收到抗诉申请书的十日内做出是否受理案件的裁定。有下列情形之一的，法院可以驳回检察机关的抗诉申请：抗诉书不符合法律规定的要求、提出抗诉的检察机关没有向法院提出申诉的权利、抗诉期限已经届满等。

（3）抗诉的审理。法院经过审查认为检察机关的抗诉符合法定要求时，应当向检察机关发出抗诉受理书。此后法院应当在1个月内对案件进行审查，根据对抗诉的审查结果，法院可以作出如下裁定：在对法院的判决合法性存在怀疑的情况下调取案卷；在依据抗诉书所提出的理由不能撤销法院判决的，拒绝调取案卷。将案件调取到上级法院进行再审的法院裁定包括如下内容：做出裁定的时间和地点、作出裁定的法官、将案件移送到哪个法院进行再审、提出抗诉的检察机关、被提出抗诉的法院裁判、叙述将案件进行再审的根据等。拒绝调取案件进行再审的裁定包括如下内容：作出裁定的时间和地点、作出裁定的法官、裁定涉及的案件、提出抗诉的检察机关、拒绝调取案件的理由等。对调取到上级法院进行再审的案件应当在2个月内审结案件。上级法院应当调取案件到上级法院进行再审的裁定副本以及抗诉书的副本送交案件的参加人。案件参加人收到法院有关案件审理的时间和地点的通知而不到庭参加审理的，不妨碍案件的审理。

上级法院在作出调取案件到上级法院进行审理的裁定的1个月内开庭审理案件，案件参加人、他们的代理人、其他因被抗诉的法院判决涉及其权利和合法利益的人、提出抗诉的检察机关应当到庭。庭审中有1名法官作为报告人叙述案情、就案件作出的法院裁判的内容、抗诉的理由，法官可以向报告人提问。如果案件参加人、他们的代理人、其他因被抗诉的法院的判决涉及其权利和合法利益的人、提出抗诉的检察机关如果出庭，首先进行陈述的是提出抗诉的检察机关。之后，上级法院根据案件审理的结果作出附理由的裁定，裁定包括下述内容：作出裁定的法院的名称和法庭的组成人员、作出裁定的时间和地点、裁定的案件、对案件提出抗诉的机关的名称、作出将案件移送到上级法院进行审理的法官、被提出抗诉的下级法院裁判的内容、作出对案件进行实体再审的裁定所依据的法律。

依照再审程序审理的案件，上级法院有权维持第一审法院、第二审法院的裁判，驳回要求依照再审程序对案件进行再审的抗诉；完全或是部分撤销第一审法院、第二审法院的裁判并将案件发还进行重新审理；在发现对实体法律规范的适用和解释上的错误时，撤销或变更第一审法院、第二审法院的裁判，并作出新的裁判，而不将案件发回进行重新审理。

结　语

“比较法有助于更好地认识并改进本国的法律”①，比较能促使比较者反省自身的制度，对其有更为充分的理解。不同国家对民事诉讼中的检察院均有不同的界定以及相应的立法规定，与大陆法系和英美法系相比，俄罗斯检察机关在民事诉讼中的地位和作用经历了巨大的转变，从前苏联时期的参加诉讼与诉讼监督同时并重，到现今弱化检察机关对民事诉讼的监督。基于我国民事检察制度与前苏联检察制度的亲缘关系，俄罗斯检察机关在民事诉讼中的转变对于如何完善和发展我国的民事检察制度更具借鉴意义。

我国检察制度，虽然其直接渊源于前苏联的检察制度，但是不是对前苏联检察制度的简单模仿和全面照搬。特别是在 20 世纪 80 年代以后，我国检察制度开始尝试着走一条有中国特色的检察监督道路，在民事诉讼中形成了以抗诉为主要监督方式的民事检察制度。而在实践中这种监督方式正在受到越来越多的质疑和否定，如何完善这种监督方式以及如何在新的时代背景下建构我国的民事检察制度成为摆在理论工作者和实务工作者面前不可回避的问题。结合俄罗斯民事检察改革的经验，笔者认为，我国民事检察制度的改革应当着眼于以下的问题：

① ［法］勒内·达维德：《当代主要法律体系》，漆竹生译，上海译文出版社 1989 年版，第 11 页。

第一，明确检察机关在民事诉讼中的地位，它不是法官之上的法官，不是法官的监督者，而是国家利益和公民利益的维护者，是民事诉讼的参与者。

第二，赋予检察机关在特定的情况下提起民事诉讼的权利。在涉及国家和社会公共利益的案件中，检察长可以作为国家和公共利益的代表而提出诉讼。如在消费者诉讼、环境诉讼以及涉及国有资产的诉讼中都应当看到检察机关的身影。

第三，完善目前在司法实践中存在的检察建议，使之法定化、有序化。俄罗斯民事诉讼中的检察结论与之非常类似，我们可以吸收其合理因素。例如，通过立法的方式确立检察建议在民事诉讼中的适用、廓清检察建议适用的案件范围以及检察建议的法律效力等。

第四，保留检察机关抗诉的权利，但是应当严格限制这一权利的行使，并为抗诉案件的审理设置比较完善的程序。

参考文献

一、中文类

（一）著作

1. 常怡主编：《新中国民事诉讼法研究综述（1949—1989年）》，长春出版社1991年版。

2. 江伟主编：《民事诉讼法原理》，中国人民大学出版社1999年版。

3. 柴发邦主编：《体制改革与完善诉讼制度》，中国人民公安大学出版社1991年版。

4. 王桂五：《中华人民共和国检察制度研究》，法律出版社1991年版。

5. 金明焕主编：《比较检察制度概论》，中国检察出版社1991年版。

6. 张卫平：《程序正义实现中的冲突与衡平》，成都出版社1994年版。

7. 陈桂明：《诉讼公正与程序保障》，中国法制出版社1996年版。

8. 李忠芳、王开洞：《民事检察学》，中国检察出版社1996年版。

9. 景汉朝：《审判方式改革实论》，人民法院出版社1997

年版。

10. 最高人民法院民事行政检察厅编：《民事行政检察论集》，中国政法大学出版社 1998 年版。

11. 杨立新：《民事审判判解研究·新中国民事行政检察发展前瞻》，吉林人民出版社 1999 年版。

12. 刘向文、宋雅芳：《俄罗斯联邦宪政制度》，法律出版社 1999 年版。

13. 信春鹰主编：《依法治国与司法改革》，中国法制出版社 1999 年版。

14. 李祖军：《民事诉讼目的论》，法律出版社 2000 年版。

15. 张寿民：《俄罗斯法律发达史》，法律出版社 2000 年版。

16. 刘众宪主编：《司法改革热点问题》，中国人民大学出版社 2000 年版。

17. 肖建国：《民事诉讼程序价值论》，中国人民大学出版社 2000 年版。

18. 陈光中主编：《依法治国　司法公正——诉讼法理论与实践》（1999 年卷），上海社会科学出版社 2000 年版。

19. 章武生等：《司法现代化与民事诉讼制度的建构》，法律出版社 2000 年版。

20. 谭世贵主编：《中国司法改革研究》，法律出版社 2000 年版。

21. 王亚新：《社会变革中的民事诉讼》，中国法制出版社 2001 年版。

22. 洪浩：《检察权论》，武汉大学出版社 2001 年版。

23. 常怡主编：《比较民事诉讼法》，中国政法大学出版社 2002 年版。

24. 孙谦主编：《检察理论研究综述》，中国检察出版社

2002 年版。

25. 江伟、邵明、陈刚:《民事诉权研究》，法律出版社 2002 年版。

26. 卓泽渊:《法理学》，法律出版社 2002 年版。

27. 杨立新:《民事行政检察教程》，法律出版社 2002 年版。

28. 沈德咏、曹建明主编:《中国审判监督改革研究》，人民法院出版社 2002 年版。

29. 郑定、赵晓耕主编:《中国法制史教学参考书》，中国人民大学出版社 2003 年版。

30. 孙谦主编:《检察:理念、制度与改革》，法律出版社 2004 年版。

31. 张智辉主编:《中国检察——强化法律监督的制度设计》，北京大学出版社 2004 年版。

32. 最高人民检察院民事行政检察厅主编:《民事检察制度热点问题探索》，中国检察出版社 2004 年版。

33. 张培田、张华:《近现代中国审判检察制度的演变》，中国政法大学出版社 2004 年版。

34. 季卫东:《法律程序的意义——对中国法制建设的另一种思考》，中国法制出版社 2004 年版。

35. 田平安主编:《民事诉讼法原理》，厦门大学出版社 2005 年第 2 版。

36. 毛国权:《宗法结构与中国古代民事争议解决机制》，法律出版社 2007 年版。

37. 陈国亭主编:《大学俄语语法精编》(修订版)，哈尔滨工业大学出版社 2000 年版。

（二）译著

1. ［前苏联］M. C. 斯特罗郭维奇：《论审判法科学的体系》，载《苏维埃国家与法》1939 年第 3 期。

2. ［前苏联］安·扬·维辛斯基：《苏维埃法中的诉讼证据理论》，王之相译，王增润校，人民出版社 1954 年版。

3. ［前苏联］克列曼：《苏维埃民事诉讼》，法律出版社 1957 年版；西南政法学院诉讼法教研室翻印，1985 年版。

4. ［前苏联］B. H. B 别里鸠根、Д. B. 什维采尔：《民事诉讼中的检察长》，王更生、卢佑先译，中国人民大学出版社 1957 年版。

5. ［前苏联］A. A. 多勃洛沃里斯基主编：《苏维埃民事诉讼》，李衍译，常怡校，法律出版社 1985 年版。

6. ［前苏联］B. N. 巴斯科夫、A. C. 巴浦洛夫、H. A. 谢利瓦诺夫、C. A. 希什科夫：《苏联检察院组织法诠释》，刘家辉、梁启明、盛杰译，中国检察出版社 1990 年版。

7. 《列宁全集》，人民出版社 1963 年版。

8. ［前苏联］B. T. 列别金斯基：《苏联检察院及其在一般监督方面的活动》，陈华星、张学进译，法律出版社 1957 年版。

9. ［前苏联］斯克沃尔佐夫等：《苏联东欧国家的检察长监督》，梁启明译，中国检察出版社 1990 年版。

10. ［前苏联］C. H. 阿布拉莫夫：《苏维埃民事诉讼》，中国人民大学审判法教研室译，法律出版社 1956 年版。

11. ［前苏联］高尔谢宁：《苏联的检察制度》，陈汉章译，王之相校，新华书店 1949 年版。

12. ［前苏联］克列曼：《苏维埃民事诉讼》，译者不详，法律出版社 1957 年版。

13. ［日］兼子一、竹下守夫：《民事诉讼法》，白绿铉译，法律出版社1995年版。

14. ［日］滋贺秀三：《明清时期的民事审判与民间契约》，王亚新译，法律出版社1998年版。

15. ［日］高桥宏志：《民事诉讼法——制度与理论的深层分析》，林剑峰译，法律出版社2003年版。

16. ［法］让·文森、塞尔日·金沙尔：《法国民事诉讼法要义》（下），罗结珍译，中国法制出版社2001年版。

17. ［法］孟德斯鸠：《论法的精神》，张雁深译，商务印书馆1982年版。

18. ［日］谷口安平：《程序的正义与诉讼》（增补本），王亚新、刘荣军译，中国政法大学出版社2002年版。

19. ［英］梅因：《古代法》，沈景一译，商务印书馆1959年版。

20. ［古希腊］亚里士多德：《政治学》，吴寿彭译，商务印书馆1965年版。

21. ［前苏联］H. C. 马列因：《苏联现阶段的社会主义法制》，载《法学译丛》1987年第5期。

22. ［法］勒内·达维德：《当代主要法律体系》，漆竹生译，上海译文出版社1989年版。

（三）论文

1. 杨立新：《民事行政诉讼检察监督与司法公正》，载《法学研究》2000年第4期。

2. 李浩：《民事再审程序改造论》，载《法学研究》2000年第5期。

3. 高建民：《论民行检察监督制度的法理基础》，载《检察日报》2000 年 5 月 19 日。

4. 张晋红：《对取消与弱化民事抗诉制度的几点质疑》，载《国家检察官学院学报》2004 年第 3 期。

5. 张卫平：《民事再审：基础置换与制度重建》，载《中国法学》2003 年第 1 期。

6. 黄松有：《检察监督与审判独立》，载《法学研究》2000 年第 4 期。

7. 景汉朝、卢子娟：《论民事审判监督程序之重构》，载《法学研究》1999 年第 1 期。

8. 刘荣军：《民事诉讼法律关系理论的再构筑》，载《民商法论丛》（第 9 卷），法律出版社 1998 年版。

9. 邱学强：《论检察体制改革》，载《中国法学》2003 年第 5 期。

10. 方如初：《民事抗诉权质疑和民事检察工作的基本思路》，载《法治论丛》1992 年第 2 期。

11. 夏克勤：《推进我国司法改革的几点思考》，载《法学》1998 年第 2 期。

12. 翁小斌：《我国民事判决既判力范围的研究》，载《现代法学》2004 年第 6 期。

13. 齐树洁：《论我国民事上诉制度之重构》，载《法律适用》2004 年第 1 期。

14. 杨亚非：《俄罗斯司法改革述评》，载《法制与社会发展》1999 年第 2 期。

15. 陈桂明：《民事检察监督之存废、定位与方式》，载《法学家》2006 年第 4 期。

16. 刘利宁、张俊峰：《再审检察建议若干问题的探索》，载《检察实践》2005 年第 6 期。

17. 高立新、龚瑞:《民行检察中的再审检察建议》, 载《中国检察官》2006 年第 5 期。

18. 赵钢:《正确处理民事经济审判工作中的十大关系》, 载《法学研究》1999 年第 1 期。

19. 陈桂明:《民事检察监督之系统定位与理念变迁》, 载《政法论坛》1997 年第 1 期。

20. 杨书文:《检察建议基本问题研究》, 载《人民检察》2005 年第 9 期(上)。

21. 李昕:《法院调解: 制度而非原则》, 载《法律适用》2006 年第 10 期。

22. 殷广斌等:《审判制度改革进程中民事检察发展方向论》, 载孙谦等主编:《检察论丛》, 法律出版社 2001 年版。

23. 常英、王云红:《民事公诉制度研究》, 载《国家检察官学院学报》2002 年第 4 期。

24. 汤维建、温军:《检察机关在民事诉讼中法律地位研究》, 载《武汉大学学报》(哲学社会科学版) 2005 年第 2 期。

25. 王泽祥:《检察机关参加民事诉讼之我见》, 载《云南法学》1990 年第 1 期。

26. 朱文斌:《试论检察机关参加民事诉讼的方式、范围和法律地位》, 载《上海法学》1988 年第 4 期。

27. 梁平:《也谈人民检察院在提起民事诉讼中的法律地位》, 载《人民检察》1988 年第 11 期。

28. 江伟、段厚省:《论检察机关提起民事诉讼》, 载《现代法学》2000 年第 6 期。

29.《检察机关参与公益诉讼研究》课题组:《检察机关提起公益诉讼的法律地位和方式比较研究》, 载《政治与法律》2004 年第 2 期。

30. 廖中洪：《检察机关提起民事诉讼若干问题研究》，载《现代法学》2003 年第 3 期。

31. 李浩：《民事公诉的若干思考》，载《法学家》2006 年第 4 期。

32. 王祺国：《民事行政检察的二元结构》，载《人民检察》2002 年第 3 期。

33、徐光岩：《民事诉讼公诉权探析》，载《检察理论研究》总第 21 期。

34. 雷建玲：《弱势群体合法权益司法救济探微——以民事诉讼为视角》，载《湖北大学学报》2006 年第 3 期。

35. 陆永棣：《程序冲突映照下的制度困境——现行民事抗诉制度考察》，载《中外法学》2003 年第 3 期。

36. 王甲乙：《当事人适格之扩张与界限》，载《法学丛刊》1995 年第 1 期。

37. 肖建华：《诉权与实体权利主体相分离的类型化分析》，载《法学评论》2002 年第 1 期。

38. 李龙：《民事诉权论纲》，载《现代法学》2003 年第 2 期。

39. 高晓莹、杨明刚：《从制度价值层面审视民事检察制度的发展和完善》，载《法学家》2006 年第 4 期。

40. 汤维建：《论民事检察监督制度的现代化改造》，载《法学家》2006 年第 4 期。

41. 黄永鹏、蔡善强：《扩大法院权限 保证司法独立——略论俄罗斯司法改革实践》，载《当代法学》2002 年第 4 期。

42. 郝银钟：《检察权质疑》，载《中国人民大学复印报刊资料·诉讼法学、司法制度》1999 年第 9 期。

43. 万毅：《论检察权的定位——兼论我国检察机构改革》，

载《南京师范大学学报》2004 年第 1 期。

44. 章武生、吴泽勇：《论民事诉讼的目的》，载《中国法学》1998 年第 6 期。

45. 江伟、段厚省：《论检察机关提起民事诉讼》，载《现代法学》2000 年第 6 期。

46. 陈刚、翁晓斌：《论民事诉讼制度的目的》，载《南京大学法学评论》1997 年春季号。

47. 刘荣军：《论民事诉讼的目的》，载《政法论坛》1997 年第 5 期。

48. 江伟：《市场经济与民事诉讼法学的使命》，载《现代法学》1996 年第 3 期。

49. 李祖军：《民事诉讼目的论学说评述》，载《现代法学》1999 年第 2 期。

50. 田平安、李浩等：《中国民事检察监督制度的改革与完善》，载《现代法学》2004 年第 1 期。

51. 段厚省：《当前民事行政检察监督中存在的问题和对策思考》，载《犯罪研究》2003 年第 2 期。

52. 常怡：《检察机关参与民事诉讼的若干问题》，载《民事行政检察指导与研究》（总第 4 期），最高人民检察院民事行政检察厅编，法律出版社 2006 年版。

53. 江伟：《略论检察监督在民事诉讼中的行使》，载《民事行政检察指导与研究》（总第 3 期），最高人民检察院民事行政检察厅编，法律出版社 2005 年版。

54. 龙宗智：《论检察权的性质与检察机关的改革》，载《法学》1999 年第 10 期。

55. 杨立新：《新中国民事行政检察发展前瞻》，载《河南省政法管理干部学院学报》1999 年第 2 期。

56. 邹建章:《论民事检察监督法律关系》,载《中国法学》1997 年第 6 期。

57. 尹伊君:《检法冲突与司法制度改革》,载《中外法学》1997 年第 4 期。

58. 谢鹏程:《论检察权的性质》,载《法学》2000 年第 2 期。

59. 陈桂明:《试论民事诉讼法学的进路》,载《中国法学》2007 年第 2 期。

60. 石少侠:《论我国检察权的性质——定位于法律监督权的检察权》,载《法制与社会发展》2005 年第 3 期。

61. 曹南屏、程燎原:《"苏联时代"法制理论的生成及其主要内容》,载《法学评论》2000 年第 4 期。

62. 方立新:《从权力制衡角度探索监督的理性——质疑现行检察监督兼及权力监督系统的历史学、比较学思考》,载《中外法学》2002 年第 3 期。

63. 陈桂明,刘鹏:《俄罗斯民事诉讼法典的修改》,载《比较法研究》2005 年第 3 期。

64. 范愉:《司法监督的功能及制度设计》,载《中国司法》2004 年第 5、6 期。

65. 朱孝清:《中国检察制度的几个问题》,载《中国法学》2007 年第 2 期。

66. 孙笑侠:《法治国家及其政治构造》,载《法学研究》1998 年第 1 期。

67. 孙建国:《论我国法律监督的政治基础以及完善》,载《人民检察》2003 年第 10 期。

68. 郝银钟:《评检察机关法律监督合理论》,载《环球法律评论》2004 年冬季卷。

69. 夏邦：《中国检察体制应予取消》，载《法学》1999 年第 7 期。

70. 郝银钟：《中国检察权研究》，载《刑事法评论》（第 5 卷）。

71. 陈卫东：《我国检察权的反思与重构》，载《法学研究》2002 年第 2 期。

72. 陈瑞华：《司法权的性质》，载《法学研究》2000 年第 5 期。

73. 滕彪：《司法的变迁》，载《中外法学》2002 年第 6 期。

74. 孙谦：《中国的检察改革》，载《法学研究》2003 年第 6 期。

二、俄文类

（一）著作

1. Ожегов С. И, *Словарь русского языка*: *Ок.* 57000 *слов* Под ред. Н. Ю. Шведовой. 18 с изд, стереотип М: Русский язык, 1987.

2. М. К. Треушникова, *Гражданский процесс*, М: ООО ? Городец – издат?, 2003.

3. В. Н. Щеглов, *Субъект судебного гражданского процесса*, Томск, 1979.

4. Шакарян М. С, *Субъект советского гражданского процесс*, МГУ, 1979.

5. Аргунов В. Н, *Участие прокурора в гражданском процессе*, МГУ, 1991.

6. М. Шакарян, *Гражданское процессуальное право*, Прос-

пект, 2005.

7. Жуйков В. М, *Права человека и власть закона*, Иван, 1995.

8. И. А. Покровский, *Проблемы гражданского права*, Статут, 2001.

9. М. К. Треушникова, *Гражданский процесс*, Юристъ, 2003.

10. М. А. Викут, *Гражданский процесс*, Юристъ, 2004.

11. Мельников Николай Васильевич, *Прокурорская власть и личность : Правовые средства обеспеченияконс титуционныхправ и свобод граждан России* , Юристъ, 2003.

12. Г. Н. Манова, *Теория права и государства*, БЕК, 1996.

13. Петрухин И. Л, *Прокурорский надзор и судебная власть*, Проспект, 2001.

14. Долежан В. В, *Проблемы компетенциипрокуратуры*, Юристъ, 1991.

15. Е. В. Федотова, *Прокурорский надзор*, Омега－Л, 2006.

16. Эриашвили М. И, *Участие прокурора в гражданском процессе*, М: Юнити－дана, 2003.

（二）论文

1. Виноградов О, Прокуратура в системе органов государственной власти, *Законность*, 1997, N4.

2. Степина Л, Проект ГПК РФ и роль прокурора в гражданском судопроизводстве, *Законность*, 2001, N7.

3. Г. химичева, Не ограничивать права прокурора в гражданском процесс, *Законность*, 2000, N8.

4. Ю. В. Тихонова, К вопрос о процессуальном положение прокурора как участник гражданского процесса, *юридический аналитический журнал*, 2003, N2.

5. А · Франциforов, Прокурор в делах особого произ водства гражданского процесса, *Законность*, 2006, N6.

6. Ю. В. Сирик, Практика применения закодательства, рекулирующегоУчастие прокурора в гражданском процессе, *юридический аналитический журнал*, 2004, N2.

7. О. Бухтоярова, Защита интересов неопределенного круга лиц, *Законность*, 2006, N3.

8. Ференц сороцкий А. А, Прокуроров в гражданском судопроизводстве, *Известия высших учебных заведений*, 1992, N4.

9. Обзор законодательства и судебной практики Верховного Суда РФ по гражданским делам за Ⅲ квартал 2003г, *Бюллетень Верховного Суда*, 2004, N3.

10. Степина Л, Проект ГПК РФ и роль прокурора в гражданском судопроизводстве, *Законность*, 2001, N7.

11. О. В. Мананников, Участиепрокурора в гражданском и арбитражном процессе современных условиях, *Арбитражный и гражданский процесс*, 2004, N11.

12. Габеев Р. В, Участие прокурора в гражданском процессе, *Бюллетень ВИУ*, 2006, N17.

13. Г. Химичева, Не ограничивать права прокурора в гражданском процесс, *Законность*, 2000, N8.

14. И. В. Велиев, Место прокуратуры в системе органов государственной власти РФ, *Современное право*, 2005, N10.

15. Д. А. Кунаева, Статус прокуратуры и ее место в системе государственных органов, *Юрист*, 2005, N9.

16. С. Г. Буянский, Прокуратура и судебная власть: Статус и соотношение компетенции, *Российский судья*, 2005, N5.

17. Становление правового государства в Российской Федерации и функции прокуратуры, Круглый стол, *Государство и право*, 1994, N5.

18. Чуглазов Г、Кулагин П, Прокуратура должна стать органом президентской власти, *Законность*, 2001, N1.

19. И. Викторов, Прокуратура статус на рубеже тысячелетий, *Законность*, 2000, N12.

20. Д. Лукоянов, Место прокуратуры в государственном механизме, *Законность*, 2006, N11.

21. В. Фокус, Проблемы посткоммунистической прокуратуры, *Конституционное Право: Восточноевропейское Обозрение*, 1999, 3.

22. Чуглазов Г, Прокуратура в системе органов государственной власти, *Законность*, 2003, N2.

23. Ломовский В, Какой власти принадлежит прокуратура, *Российская юстиция*, 2001, N9.

（三）法律规范

1. Конституция РФ от 12 декабря 1993 года, Российская газета от 25 декабря 1993 г.

2. Гражданский процессуальный кодекс Российской Федерации от 14 ноября 2002 года № 138 – ФЗ // Собрание Законодательства РФ, 2002, № 46.

3. Федеральный закон “О прокуратуре Российской Федерации”(с изменениями от 10 февраля, 19 ноября 1999 г., 2 января, 27 декабря 2000 г., 29, 30 декабря 2001 г., 28 июня, 25 июля 2002 г.) // Собрание законодательства Российской Федерации, 20 ноября 1995 г., № 47.

4. Федеральный закон от 14 ноября 2002 г. N 137 – ФЗ “О введении в действие Гражданского процессуального кодекса Российской Федерации” // Собрание законодательства Российской Федерации от 18 ноября 2002 г. № 46.

5. Информационное письмо прокуратуры Самарской области об участии прокуроров в гражданском судопроизводство в 2003г. No8 – 06 – 36 – 04 от 19. 02. 04г.

6. Информационное письмо гнеральной прокуратуры о результатах изучения организационно – правовых и иных аспектов, связанных с применением органами прокуратуры ГПК РФ No8 – 12 – 03 от 6. 02. 04г.

7. Информационное письмо прокуратуры Самарской области о результатах обобщения практики обращения прокуроров в суд общей юрисдикции с исками и заявлениями No8 – 06 – 46 – 04 от 15. 10. 03г.

8. Постановление Пленума Верховного Суда РФ от 20 января 2003 г. N 2 “О некоторых вопросах, возникших в связи с принятием и введением в действие Гражданского процесс уальногокодекса Российской Федерации”, “Российская газета” от 25 яниваря 2003 г., № 15.

9. Информационное письмо Генеральной прокуратуры РФ от 27 января 2003 г. N 8 – 15 – 2003 “О некоторых вопросах

участия прокурора в гражданском процессе, связанных с принятием и введением в действие Гражданского процесс уального кодекса Российской Федерации" // Еженедельный бюллетень законодательных и ведомственных актов", апрель 2003 г. , № 15.

10. Приказ Генпрокуратуры РФ ? Об обеспечении участия прокуроров в гражданском судопроизводстве? от 02. 12. 2003 № 51.